당신은 그리스도의 제자, 맞습니까?

바로 서야 할 교회 안의 오식(誤植)된 신앙

강성일 지음

kmc

하나님께서 예레미야를 선지자로 부르시면서 다음과 같은 사명을 맡기셨다. "보라. 내가 오늘 너를 여러 나라와 여러 왕국 위에 세워 네가 그것들을 뽑고 파괴하며 파멸하고 넘어뜨리며 건설하고 심게 하였느니라." (렘 1:10)

곧 파사현정(破邪顯正)의 사명이다. 파사현정이란 사악한 것을 무너뜨리고 옳은 것을 세우라는 뜻이다. 예레미야 선지자가 활동하던 시대는 여러 가지로 매우 어려운 상황이었다. 국제정치 무대에서는 강대국인 앗수르, 바벨론, 애굽의 틈바구니에서 그들의 눈치를 살펴야 했다. 북왕국 이스라엘은 이미 앗수르에 의해서 멸망된 상태에서 남왕국 유다도 국내정치상황이 혼탁한 가운데 왕실마저 강대국의 꼭두각시가 됨으로 국운은 바야흐로 풍전등화와 같았다. 종교적으로나 윤리적으로도 극도로 타락하고 부패해서 율법에서 떠나 우상을 숭배하고 물질의 부요와 동물적 쾌락만을 추구하는 칠흑같이 어두운 세상이었다. 이러한 때에 하나님께서는 예레미야를 부르셔서 파사현정(破邪顯正)하도록 하신 것이다.

오늘의 한국적 정황도 예레미야 시대보다 더하면 더했지 그만 못하지 않다. 주변 강대국의 눈치를 살펴야 하는 것이나 사리사욕, 당리당략에만 집착하는 정치적 혼란 그리고 교회의 세속화나 교회 지도자들의 타락과 부패현상 은 불신사회로부터 '개독교'라는 듣기에 매우 민망한 비판을 받을 만큼 극에 달해 있다. 이처럼 어둡고 혼란한 때에 파사현정을 위해서 누가 갈 것인가. 주님께서는 지금도 이사야와 예레미야 같은 사람을 목마르게 찾고 계시다. 북왕조 아합왕 시대에 시대적 사명과 역사적 책임을 감당 할 사람이 없어 탄식하며 절규하는 엘리야에게 칠천 명의 사명자를 예비해 두셨노라고 말씀하신 주님께서는 이 시대에도 복음을 사수하고 믿음의 정절을 지키며 사탄의 전방위 무차별 공격으로 만신창이가 된 영혼들을 가슴에 품고 중보하며 통렬하게 마음을 찢으며 눈물로 회개하는 칠천 명의 깨어 있는 사명자들을 예비해 두셨으리라 믿는다. 그 깨어 있는 사명자 칠천 명이 누구이며 어디에 있는가? 이 글을 읽고 있는 당신 이 바로 그 사람이었으면 좋겠다.

       한참 모자라는 소견들의 모음이지만 이렇게 세상에 선을 보일 수 있도록 출판을 허락해 주신 출판국(도서출판 KMC) 총무님께 감사하고 이렇게 아름다운 모습으로 책이 나오도록 수고하신 출판국 직원 여러분께 감사한다. 그리고 언제나 즐거운 마음으로 원고정리와 교정까지 정성을 다해 도와준 박현실 권사님에게도 감사한 마음을 전한다. 또한 진정으로 나를 아끼고 사랑하며 음양으로 후원해 주는 영일성도들에게 감사하고 언제나 못난 지아비를 묵묵하게 따라주는 신실한 반려자 정원에게 감사하면서 모든 영광을 사랑하는 우리 주님께 돌린다.

2010년 10월
강성일 목사

1··· 더 좋은
교회를 위한
촉매제가 되라

2··· 빛으로, 소금으로, 누룩으로

3··· 예수의 마음
한가운데
그곳에서 만나자

4··· 하늘에서
큰 자

말씀의 자녀인 성도는 이웃들로 하여금
선한 삶을 살아가게 하는 촉매제 역할을 해야 한다.
녹아지는 촛물, 죽어지는 밀알로
더 좋은 교회의 촉매제가 되어야 한다.
그리하여 좁아지고 있는 전도의 문을
넓게 열어가야 하겠다.

1

더 좋은
교회를 위한
촉매제가 되라

한국 교회여!
언제까지 **유취**(乳臭)한 믿음에 머물러 있을 것인가?

그의 안에 산다고 하는 자는
그가 행하시는 대로 자기도 행할지니라(요일 2:6)

●●● 사도 바울은 고린도전서 3장 1-4절에서 고린도 교회 성도들을 향하여 언제까지 유취(乳臭)한 믿음에 머물러 있을 것인가 하고 탄식하며 질책하고 있다. 사도 바울이 탄식하며 질책하고 있는 고린도 교회 성도들의 유취(乳臭)한 믿음의 작태는 파벌을 조성해서 시기 질투하고 분쟁을 일삼는 것이었다. 그리고 히브리서 5장 12-14절에서는 선악을 구별하지 못하는 성도를 가리켜 유취(乳臭)한 믿음의 사람이라고 지적하고 있다.

어느 시대 성도나 마찬가지지만 오늘의 성도들, 특별히 지도자연 하는 분들이 마음 깊이 새겨들어야 할 말씀이다. 오늘의 교회가 사회로부터 지탄받는 것 가운데 하나가 교회와 교계의 분열과 분쟁 문제다. 교회나 교계의 분열과 분쟁이 왜 일어나는가? 사도 바울이 지적한대로 시기와 질투 때문이고, 선악을 분별하지 못하기 때문이다. 왜 시기와 질투를 하게 되고 선악을 분별하지 못하는가? 아집과 욕심 때문이다. 아집과 욕심은 어쩔 수 없이 그 삶을 출세 지향적, 성공 지향적이게 하고 대형 물량 지향적이게 한다. 이는 자연스럽게 자신을 타인과 견주게 되고, 견주다 보면 자신을 더 성공자로 돋보이게 하기 위해 상대를 폄하고 부정적으로 공격하게 되니까 결국은 더불어 볼썽사나운 모습으로 나타나게 되고, 이러한 모습들이 세인의 웃음거리가 되고 있는 것이다.

여기서 다시 한 번 짚고 넘어가야 할 것이 있다. 그것은 '예수님을 믿는다는 것이 무엇인가?' 하는 것이다. 예수 믿고 구원받아 천국 가는 것? 맞다. 예수 믿고 성공하고 출세하고 명예를 얻고 물질의 풍요를 누리며 살아가는 것? 맞다. 그러나 믿음의 수준이 여기에 머물기 때문에 유취(乳臭)한 모습만을 보이는 것이다. 더욱 장성하고 성숙한 믿음으로 시대적인 사명을 감당하고 역사적인 책임을 다 하려면, 믿음에 대한 더욱 깊은 인식이 있어야 한다.

믿음이란, 예수님과 연합하는 것이다. 예수님과 연합한다는 것은 옷을 입는 것이다. 나는 예수님을 옷 입고 예수님은 나를 옷 입으시는 것이다. 나는 예수 그리스도의 의의 옷을 입어야 하나님 앞에 나아갈 수 있다. 곧 내가 만든 무화과 나뭇잎으로 엮은 옷으로는 하나님 앞에 설 수 없다. 하나님께서 만들어 주신 가죽 옷을 입어야 하나님 앞에 나아가 설 수 있다. 그 어떠한 형태든 인본주의의 공덕으로는 하나님 앞에 설 수 없다. 하나님의 긍휼의 은총으로만 하나님 앞에 나아가 설 수 있다. 하나님의 긍휼의 은총으로 주신 은혜의 선물이 바로 예수 그리스도의 의의 옷이다. 그리고 예수님을 옷 입어야(전신갑주) 이 세상에 머물러 사는 동안 마귀의 궤계를 물리치고 승리의 삶을 살아갈 수 있다.

이제 명심해야 할 중요한 사실은 예수님께서 나를 옷 입으시고 나를 통하여 지금도 역사의 현장에서 예수님 당신 자신의 삶을 지속적으로 살아가기를 원하신다는 것이다. 순종을 기뻐하시는 이유가 여기에 있다. 순종하는 만큼 예수님의 삶의 모습이 나타나기 때문이다. 예수님께서 나를 통하여 지속적으로 살아가기를 원하시는 예수님의 삶은 어떠한 삶인가? 예수님의 삶은 '성육의 삶'이다. 곧 하나님의 뜻을 이루기 위해서 내가 행할 수 있는 모든 권리를 포기하는 것이다.

이루어야 할 하나님의 뜻이 무엇인가? 영혼 구원이요, 미숙한 믿음의 사람을 성숙한 믿음의 사람으로 세워 주는 것이다. 이를 위해서 내 자존심이 은박지처럼 구겨져도, 내 인격이 담배꽁초처럼 짓뭉개져도, 나아가 물질의 손해와 몸에 상해를 입고 여러 가지로 불이익을 당한다 해도 사랑으로 인내하고 감사함으로 받아들이는 삶이 성육의 삶이요 예수님의 삶인 것이다. 이 같은 믿음의 인식을 가진 성도라면 지도자이든, 지도를 받는 사람이든 제왕의 자리를 안겨 주고 억만금을 준다 해도 붕당을 짓고 시기 질투하면서 분쟁하는 일은 결코 할 수가 없다. 이제 실추된 교회의 권위, 훼손된 하나님의 영광을 회복하는 길은 우리 모두가 유취(乳臭)한 믿음을 업그레이드해서 더욱 성숙한 장부의 믿음을 갖는 것이다.

한국 교회여! 언제까지 유취(乳臭)한 믿음에 머물러 있을 것인가? 이제는 성육의 신앙으로 업그레이드하여 하나님의 뜻을 이루는 일에 정진(精進)해야 되지 않겠는가?

큰 **복** 받아
큰**일**을 이룩하자

내가 너로 큰 민족을 이루고 네게 복을 주어
네 이름을 창대하게 하리니 너는 복이 될지라(창 12:2)

●●●● 새해를 맞았다. 비록 쓴소리꾼이긴 하지만, 그래도 새
해 첫 달인만큼 먼저 덕담부터 해야겠다. 새해에는 독자 여러분 모두에게
히브리서 6장 14절의 말씀이 그대로 이루어져서 여러분 모두가 큰 복을
받아 큰일을 하게 되기를 축원한다. 바로 아브라함에게 약속하시고 주셨
던 복이다. "내가 반드시 너에게 복 주고 복 주며 너를 번성하게 하고 번
성하게 하리라."

아브라함이 받은 큰 복이 무엇인가? 아브라함은 무엇보다도 먼저 신령
한 복을 받았다. 곧 아브라함은 선민의 조상이 되었고, 그 가문을 통해서
메시아이신 예수님이 탄생했다. 또 아브라함은 땅의 복도 받았다. 물질
로는 거부가 되었고, 자손들은 하늘의 별처럼 번성하고 별처럼 빛나는 존
재들이 되었다. 그리고 건강으로도 무병 무탈하게 장수를 누렸다. 무엇보
다도 가장 큰 복은 만민에게 축복의 통로가 되는 사명을 받은 것이다. 아

브라함은 명실공히 영육 간에 큰 복을 받았다. 우상을 제조해서 판매하던 보잘 것 없던 가정이 하나님의 은혜로 일약 존귀하고 부요한 명문 가정이 된 것이다. 금년에는 여러분의 가정 모두가 아브라함의 가문처럼 영육 간에 존귀하고 부요한 명문 가정이 되기를 기원한다. 그래서 하나님께서 기대하시는 큰일을 이루어 가도록 하라.

하나님이 기대하시는 큰일이 무엇인가? 하나님이 기대하시는 큰일은 영혼 구원이요, 하늘 나라 영역을 확장해 가는 것이다. 그래서 궁극적으로는 물이 바다를 덮음 같이 여호와를 아는 지혜로 가득한 사람들로 이 세상을 채우는 것이다. 하나님의 통치와 지배를 온전히 따르는 하나님 나라를 건설하는 것이다. 하나님을 찬양하고 경배하는 사람들로 가득한 세상을 이루는 것이다. 그리스도 예수 안에서 자유와 평등과 박애와 정의의 나라를 세우는 것이다. 궁핍과 질병이 없는 부강한 나라, 증오와 분쟁과 분열이 없고 화목하고 화평한 평화의 나라를 건설하는 것이다. 이 같은 큰일에 삶의 초점을 맞추어 큰일을 우선으로 하며 살아가면, 하나님께서는 마음의 소원을 이루어 주시고 덤으로 뜻밖의 복을 더하여 주신다. 그래서 주님께서 말씀하시기를 "의식주 문제로 염려하지 마라. 그 일은 너희들 소관이 아니라 나의 소관이다. 그러므로 모든 염려는 다 내게 맡기고 너희는 다만 그의 나라와 그의 의를 먼저 구하라. 그리하면 너희가 염려하는 것은 내가 해결해 주고 더 풍성하게 채워 주리라."고 하신 것이다.(벧전 5:7, 마 6:33)

요셉이 그 대표적인 경우라 하겠다. 요셉은 어려서부터 하나님께서 주신 비전을 안고 살았다. 그의 비전은 하나님 나라를 이루는 것이었다. 갖가지 시련과 환란 속에서도 그 비전을 놓치지 않았다. 애매하게 누명을 쓰고 옥에 갇혔을 때도 낙망치 않았다. 요셉은 하나님께서 자신을 통해 하나님의 구원 계획을 이루어 가시는 깊은 섭리를 깨달았다. 자신의 당장의 소원은 누명을 벗고 옥에서 나오는 것이었지만, 하나님께서는 그의 소원대로 감옥에서 풀려나게 하셨을 뿐만 아니라 언감생심으로 감히 상상도 할 수 없는 대애굽 제국의 총리가 되게 하셨다. 그리고 요셉에게 보여 주신 비전 성취를 경험하게 하셨다. 요셉을 통해 하나님의 백성을 7년 대환란에서 보호하심으로 아브라함에게 약속하신 인류 구원 계획을 진행해 가셨다. 이러한 아브라함이나 요셉처럼 하나님 나라를 이루려는 큰일을 앞세워 살아가면 하나님께서는 큰일을 이루도록 큰 복을 주신다.

새해를 열면서 하나님의 큰일을 앞세워 이 한 해를 살아가겠노라고 다시 한 번 마음에 다짐하라. 그리고 하나님의 큰일을 감당하겠으니 큰 복을 허락하여 달라고 기도하라. 예나 지금이나 변함없이 살아서 역사하시는 하나님께서 아브라함과 요셉에게 주셨던 큰 복을 주실 것이다. 그러나 한 가지 기억할 것은 아브라함이 하나님께서 말씀하신 대로 순종했던 것처럼 말씀에 순종하라.

아브라함에게 무엇을 말씀하셨는가? 첫째는 머물러 있어서는 안 될 장소에서 떠나라는 것이었다(창 12:1-4). 둘째는 품고 있어서는 아니 될 것을 버리라는 것이었다(창 21:10-14). 셋째는 생명처럼 귀하게 여기는 것을 바치라는 것이었다(창 22:1-19). 아브라함은 이에 순종함으로 하나님의 큰일을 이루었고 예비하신 큰 복을 받았다. 오늘의 성도들도 아브라함처럼 떠날 곳을 떠나고 버릴 것을 버리고 드릴 것을 드리면, 교회와 교단과 교계는 화평하게 될 것이고 아울러 이 세상도 평화로운 세상이 될 것이다.

이 한 해에는 우리 모두 큰 복 받아 큰일을 이루어 가자.

이게
뭡니까?

밤이 깊고 낮이 가까웠으니
그러므로 우리가 어둠의 일을 벗고 빛의 갑옷을 입자(롬 13:12)

●●●● 숨죽이며 살아야 했던 암울한 시절이 있었다. 무인들의 총검 앞에 비굴할 수밖에 없었던 살벌한 유신 시대에도 자신은 많은 고초를 겪음에도 불구하고 호기롭게 특유의 탁월한 언변과 날카로운 필봉으로 국민의 답답함에 숨통을 트이게 했던 이가 있다. 바로 연세대 부총장까지 지냈던 김동길 교수다. 그이의 트레이드마크라고 할 수 있는 콧수염과 정곡을 찌르면서도 깊고 긴 울림을 주는 "이게 뭡니까?"라는 표현은 너무 매력적이었다. 그런데 나이 탓일까? 예전만 같지 못한 것 같아서 못내 아쉽다. 요즈음은 그의 표현을 그분에게 되돌려 들려주고 싶다. "김동길 교수님! 예전 같지 않은 교수님의 지금 모습, 이게 뭡니까? 분발하십시오." 그리스도인이니 고린도후서 4장 16절의 말씀을 기억할 것이다. 곧 "겉사람은 낡아지나, 속사람은 날로 새로워지도다."라는 말씀이다. 이제 김동길 교수님의 특허품과 같은 "이게 뭡니까?"란 표현을 잠시 빌려서

작금의 답답하기만 한 사회와 교계 현상을 짚어보려고 한다.

국회의원님들, 국태민안 국리민복을 위해 입법과 의정 활동을 하라고 국회로 보냈는데 분수도 가리지 못하고 국민의 행복은 아랑곳없이 사리사욕과 당리당략에 매여 불법적인 폭력을 자행하고 막가는 말로 저질스러운 추태를 다반사로 연출하더니, 이제는 대리투표로 기만 행위를 서슴지 않고 있으니 의원님들 이게 뭡니까? 그래도 되는 것입니까?

중고등학교 선생님들, 선생님들이 서서 열변을 토할 곳은 거리와 광장이 아니라 제자들이 존경과 사랑 가득한 눈으로 바라보고 있는 교실의 강단이 아닙니까? 선생님들은 학원의 비리를 막고 정의를 수호하는 것이라고 항변하지만, 여전히 밥그릇 챙기려는 비굴하고 궁색한 모습으로만 비치고 있으니 이게 뭡니까? 그래도 되는 것입니까?

재벌 어르신들, 노블레스 오블리주는 기대하지 않는다 해도 최소한 덩칫값은 해야 되는 것 아닙니까? 저인망으로 치어들까지 싹쓸이하는 몰인정한 못된 어부처럼 동네 구멍가게까지 싹쓸이하려는 작금의 식인상어들 같은 공포스러운 작태, 이게 뭡니까? 그래도 되는 것입니까?

언필칭 사회의 목탁, 마지막 의의 보루라고 자처하며 자긍심이 대단한 무관의 제왕이라는 언론인들, 어떠한 힘 앞에서도, 어떠한 유혹의 손길에도 의연하게 대처하며 정론을 펼쳐야 함에도 역시 구린내 나는 솥뚜껑을 놓칠세라 조작 편파 방송과 보도를 망설임도 없이 자행하는 황야의 무법자 같은 모습을 보이고 있으니 이게 뭡니까? 그래도 되는 것입니까?

성직자 못지않게 세속의 부귀공명을 멀리하고 미의 세계를 일구어 세상을 더욱 건강하고 감미로운 세상이 되도록 선도해야 할 문화 예술인들이 속인들보다 더 물량과 동물적 쾌락에 탐닉하고 있으니 이게 뭡니까? 그래도 되는 것입니까?

국민 소득 이만 불 진입을 눈앞에 두고 선진 문화시민임을 세계 방방곡곡을 밟으면서 자랑스레 나팔 부는 사람들이 휴가철을 맞아 머물다 간 휴양처마다 버려진 쓰레기가, 추한 양심의 조각들이 하루에 수천 톤이나 된다고 하니 문화시민들이여, 이게 뭡니까? 그래도 되는 것입니까?

세상의 빛과 소금이어야 할 교회, 세상이 어둡고 부패할수록 더욱 돋보여야 할 교회가 그 빛과 맛을 잃고 조롱거리가 되고 있음에도 그것조차 인식하지 못하고, 자신들로 인해 교회가 갈기갈기 찢겨 유혈이 낭자한 가운데 처절하게 신음하는 성도들의 소리도 듣지 못하고 양심에 화인 맞은 사람처럼 오직 자신과 가문의 영광만을 위하여 교권과 재리, 감투와 명예에 대한 미련을 버리지 못하고 헛소리를 내뱉으며 고소고발을 능사로 아는, 아무도 알아주지도 인정해 주지도 않는 스스로 지도자연 하는 얼빠진 자칭 교계의 큰 지도자들이여, 이게 뭡니까? 그래도 되는 것입니까?

오호통재라! 아무런 울림도 없는 소리를 흉내만 내며 지껄이고 있는 나 역시, 이게 뭡니까?

똥 묻은 개가
겨 묻은 개
나무라는 세상

네가 어찌하여 네 형제를 비판하느냐
어찌하여 네 형제를 업신여기느냐
우리가 다 하나님의 심판대 앞에 서리라(롬 14:10)

●●● 서기관과 바리새인들이 음행 중에 잡힌 여자를 끌고 왔다. 군중 가운데 그 여인을 세우고 예수님께 물었다. 모세의 율법에는 이러한 여인을 돌로 치라고 했는데 선생은 이 여인을 어떻게 처리할 것이냐는 질문이었다. 위기의 순간이다. 만일 그 여인을 돌로 치라고 하면 평소에 가르치고 강조하신 사랑에 위배되는 일이므로 빗발치는 비난을 감당키가 어렵다. 그렇다고 그 여인을 놓아 주라고 하면 모세의 율법을 범하는 자라고 역시 빗발치는 비난을 모면하기 어렵다. 긴장된 순간이다. 예수님은 잠시 침묵하시다가 군중을 바라보면서 말씀하셨다. "너희 중에 죄 없는 자가 먼저 돌로 치라."(요 8:7)

군중은 예수님의 이 말씀을 듣고 양심에 가책을 느껴 모두 그곳을 떠났다. 돌을 들고 서 있는 사람은 하나도 없었다. 그런데 오늘날에는 교회 밖에서나 교회 안에서나 양심의 가책을 느끼는 사람을 찾기가 어렵다. 자기 눈 속의 들보는 보지 못한 채 남의 눈 속의 티만을 탓하고 비판한다(마 7:1-5). 돌을 들어 이웃을 치려고만 한다. 똥 묻은 개가 겨 묻은 개를 나무라는 격이다. 당신은 남을 향해 돌팔매질을 하려는 간 큰 사람이 아니기를 바란다. 지혜로운 사람은 남의 눈 속의 티를 보기보다는 자기 눈 속의 들보를 먼저 보고 그 들보를 빼내려고 안간힘 쓰는 사람이다. 남을 향해 돌팔매질하기보다는 자신을 향해 돌팔매질을 하는 사람이다. 그래서 옛 성현도 교훈하기를, 다른 사람에 대해서는 춘풍(春風)같이 하고 자신을 향해서는 추상(秋霜)같이 하라고 했다. 다른 사람의 허물에 대해서는 너그러워야 하고, 자신의 허물에 대해서는 엄격해야 한다는 말이다. 사랑은 허다한 허물을 덮는다고 했다(벧전 4:8). 예수님은 십자가에서 흘리신 사랑의 피로 온 인류의 모든 죄를 덮어 주셨다(출 12:13. 엡 1:7). 성도는 예수님의 사랑을 따라 살아가는 사람임을 잊지 말고 기억해야 한다.

오늘의 교계와 교회, 그리고 사회가 왜 이리도 혼란하고 시끄러운가! 너 나할것없이 자신의 허물에는 관용하고 남의 허물에 대해서는 냉혹하기 때문이다. 성경에 종말 시대에는 불법이 성함으로 많은 사람의 사랑이 식어지리라고 했다. 무정하고 사나워지며 절제하지를 못한다고 했다. '주머니 털어 먼지 안 나오는 사람 없다'는 속담이 있다. 이는 자기 합리화를 시키며 허물을 용납하라는 뜻이 아니다. 허물로 인하여 서로 비판할 것이 아니라 서로를 긍휼히 여기면서 경각심을 가지라는 의미다.

남을 비판하고 정죄하는 것은 제3계명을 범하는 것이다. 제3계명이 무엇인가? 하나님의 이름을 망령되이 일컫지 말라는 것이다. 남을 비판하는 것은 자신이 하나님의 자리에 앉아서 하나님 행세를 하는 것이다. 법을 정하신 분은 하나님이시고, 그 법을 따라 판단하시는 분도 오직 하나님 뿐이시다(약 4:11-12). 사람에게는 그 누구를 비판하거나 정죄할 권한이 주어지지 않았다. 사람은 하나같이 하나님의 심판대 앞에 서서 하나님의 심판을 받아야 할 허물 많은 존재다. 서로 비판할 위치에 있는 것이 아니라 심판받을 위치에 있기에, 서로 비판하는 것이 아니라 서로 긍휼히 여기며 위로하고 용기를 심어 주고 바르게 살아가도록 서로 돕고 협력해야 한다. 그러함에도 불구하고 남을 비판하고 정죄하는 것은 하나님의 자리에 앉아서 하나님 행세를 하면서 하나님의 이름을 망령되이 일컫는 것이다. 이를 가리켜 죄라고 했다(출 20:7). 그러므로 남의 허물을 들추어 비판하기보다 자신의 허물을 살펴서 자신을 바로 세우는 지혜를 가져야 한다.

똥 묻은 개가 겨 묻은 개를 나무라는 세상이다. 적반하장의 물구나무 선 세상이다. 나 먼저 똑바로 서서 이웃을 붙잡아 주라.

일미칠근(一米七斤)의 삶

스스로 속이지 말라 하나님은 업신여김을 받지 아니하시나니
사람이 무엇으로 심든지 그대로 거두리라(갈 6:7)

●●● '일미칠근'이란 말이 있다. 쌀 한 알이 만들어지기까지 농부가 땀을 일곱 근이나 흘려야 한다는 뜻이다. 쌀 한 알은 그냥 쌀 한 알이 아니라 그 한 알 속에 농부의 생명이 스며 있는 것이다. 자신의 삶 전체를 올인한 만큼의 노력의 결정체인 것이다.

어느 사법고시 수석 합격자의 말을 들으면 할 말을 잃게 된다. 밥을 먹고 서너 시간 잠을 자는 시간을 제외하고는 24시간 중 거의 20여 시간을 책과 씨름했다고 한다. 더욱이 소피보는 시간을 줄이기 위해서 국물 있는 반찬은 먹지 않고 물도 마시지 않았다는 것이다. 이 같은 뼈를 깎는 희생적 노력으로 사법고시 수석 합격의 영광을 얻게 된 것이다.

한 학생이 1등하는 학생과 창문이 마주 보이는 한 동네에 살고 있었다. 어느 날, 밤늦게까지 공부를 하다가 피곤해서 맑고 찬 공기를 마시려고 창문을 열었다. 창문을 열면 자연히 1등하는 친구의 방 창문이 눈에 보였

다. 그 친구의 창문에도 불이 환하게 밝혀져 있었다. '아직 자지 않고 공부하는구나!'라고 생각하면서 다시 공부를 하다가 한참 만에 창문을 열고 보니까 그 친구의 창문에 그대로 불빛이 환하게 밝혀 있더란다. 그때서야 그 친구가 1등하는 이유를 알게 되었더란다. 곧 꾸준한 노력, 달콤하고 맛있는 밤잠을 희생하는 인고의 노력이 1등의 기쁨을 누리게 하는 이유임을 깨닫게 된 것이다. 그때부터 1등하는 친구의 창문에 불이 꺼진 것을 보고 한 시간 이상 더 공부를 했더니 학년말 성적 평가에서 1등의 자리를 차지하게 되었다는 것이다. 그 학생이 얻게 된 소중한 것은 1등이나 2등하는 순위가 아니다. 노력 없는 보상은 있을 수 없다는 평범한 교훈을 몸으로, 생활로 체험하게 된 것이다.

오늘 우리 주변에는 노력 없이 일확천금을 꿈꾸고 벼락감투를 기대하는 어리석은 사람들이 너무나 많다. 하지만 성경은 분명히 가르치고 있다. 하나님은 만홀히 여김을 받지 않으신다고 했다. 심은 대로 거두고 행하고 일한대로 받는다 했고, 주 안에서의 수고는 결단코 헛되지 않다고 했다. 이는 비단 농부나 사법고시 수석 합격생뿐만 아니라 모든 인생들이 각기 자신의 삶의 현장, 자신이 소속되어 있는 공동체에서 최선을 다할 때 아름다운 삶의 열매를 맺게 된다는 보편적인 진리요, 교훈인 것이다. 성공적인 삶의 모습은 자신에게 주어진 환경이 설사 아주 열악한 환경이라 할지라도 하나님의 주권적인 사랑의 섭리를 확신하고 원망과 시비 없이 감사하면서 일미칠근(一米七斤)의 노력으로 최선을 다하는 모습이다. 하나님은 결과에 대한 평가보다도 동기와 목적, 그리고 과정을 눈여겨보신다는 것을 명심하자. 곧 하나님을 사랑하는 동기에서 하나님의 영광을 목적으로 하나님의 말씀대로 최선을 다할 때 하나님은 기뻐하시고, 그에게 칭찬과 존귀와 영광을 안겨 주신다. 일미칠근(一米七斤)의 삶을 살아가자.

비극적인
희극을 **연출**하는
사람들

하나님의 나라는 말에 있지 아니하고
오직 능력에 있음이라(고전 4:20)

●●● '진리이언(眞理離言)'이란 말이 있다. 진리는 말을 떠난 것이란 뜻이다. 말로써 표현된 것은 이미 진리가 아니란 말이다. 시인의 글재주가 아무리 좋아도, 화가의 재능이 아무리 뛰어나도 자연의 아름다움을 다 화폭에 담을 수 없고 자연의 심오함을 다 글로 표현할 수 없다. 다만 '아!'라는 감탄이 있을 뿐이다. 신앙과 삶의 세계도 마찬가지다. 사랑과 정의는 말이 아니라 삶 자체다. 사랑을 말하고 정의를 외치는 사람의 생활 속에서 사랑을 찾을 수 없고 정의를 발견하지 못하는 것은, 사랑과 정의는 이론을 떠난 삶 자체임을 알지 못하기 때문이다.

젊은이들의 담뱃값, 커피값, 당구 요금, 영화 관람비, 소주 한 잔 값, 데이트 자금을 모으면 영세 근로자의 한 달 생활비는 족히 되고도 남는다. 그러나 생각 없는 사람들은 여전히 담배 피우면서, 여전히 커피 마시면서, 여전히 당구 치면서, 여전히 영화 관람하면서, 여전히 소주 한 잔 기울이면서, 여전히 데이트를 즐기면서 인권을 말하고 소외 계층을 위한다고 목청을 돋우면서 사랑을 외쳐 댄다. 호텔에서 갖는 믿는 사람들의 조찬기도회도 예외일 수 없다. 생각 깊은 사람들이 할 짓이 못 된다. 사랑이나 정의는 말이 아니다. 사랑을 사는 것이고 정의를 사는 것이다. 삶 속에 사랑이 없으면서, 삶 속에 정의가 없으면서 사랑과 정의를 말하고 있으니 이런 비극적인 희극이 어디 있는가? 실제로 희극은 비극이라고 했던가?

어떤 사람이 예루살렘에서 여리고로 내려가다가 강도를 만났다. 강도들은 나그네가 입은 옷도 빼앗고 거의 죽을 정도로 때린 후에 버리고 도망갔다. 마침 제사장과 레위인이 시간차로 그 길을 지나갔는데, 그들은 강도 만나 거의 죽게 된 사람을 보고도 피해 갔다. 또 한 사람 사마리아인이 여행 중 그곳을 지나가다가 강도 만난 사람을 보고 불쌍히 여겨 가까이 다가가서 응급 조치를 하고 자기 짐승에 태워 주막으로 데리고 갔다. 그는 주막 주인에게 치료비를 주면서 보살펴 줄 것을 부탁하고, 치료비가 더 들면 여행길에서 돌아올 때에 갚아 주겠다고 하면서 길을 떠났다.

제사장이나 레위인은 하나님을 섬기는 전문 지식을 가지고 있는 사람들이고, 또 그러한 직책을 맡은 사람들이다. 그런데 막상 선을 행할 수 있는 결정적인 순간에 외면하고 돌아섰다. 그러나 사마리아 사람은 제사장이나 레위인에게 죄인 취급을 받는 이방인이다. 사마리아인들은 다른 이방인들보다도 더 큰 배척과 핍박을 받았다. 그럼에도 불구하고 이 사마리아인은 정성을 다해 강도 만나 고통을 겪고 있는 사람을 보살폈다. 예수님께서는 고난받는 사람에게 참 사랑의 이웃은 바로 사마리아인 같은 사람이라고 하시면서 자신의 삶 속에서 사마리아인처럼 사랑을 실천하는 사람이 되라고 하셨다. 진리는 앎이 아니라 삶이요, 말이 아니라 움직이는 생활임을 기억하면서 비극적인 희극을 연출하는 피에로가 되어서는 안 되겠다.

더 좋은
교회를 위한
촉매제가 되라

이같이 너희 빛이 사람 앞에 비치게 하여
그들로 너희 착한 행실을 보고
하늘에 계신 너희 아버지께 영광을 돌리게 하라(마 5:16)

●●● 휴가 중에 주일을 맞게 되어 예배를 드리기 위해 휴가
지에서 가까운 소도시로 나갔다. 그곳에 친구 목사님이 섬기는 교회가 있
었기 때문이다. 교회를 신축하느라 매우 바쁜 시간을 보내고 있다는 소식
을 전해 듣고도 찾아보지 못해 미안하기도 하고 그간의 사정도 궁금하던
차에, 마침 휴가 중이라 잘 되었다 싶어 서둘러 길을 떠났다.

그러나 짙은 안개로 인해 여유를 두고 떠났음에도 예배 시작 시간보다
10여 분이나 늦게 도착했다. 그런데 교회 위치가 기차역 앞이라고 기억
하고 있었는데 교회가 보이질 않았다. 교회를 찾아다닐 시간도 없고 해서
하는 수 없이 기차역에서 가까이 보이는 다른 교회가 있기에 그곳에서 예
배드리기로 하고 갔다. 하지만 늦은 시간인지라 교회에 주차할 공간이 없
었다. 마침 교회 옆에 유료 주차장이 있어 차를 주차하려고 갔더니 완강
하게 주차를 거절하는 게 아닌가. 좀 이상하게 생각하면서 주차하려는 이

유를 대충 설명해 주었다. 서울에서 여행차 왔다가 주일이 되어서 예배드리러 왔는데 교회에 주차 공간이 없어서 주차하려고 한다 하는데도 막무가내로 주차를 거절하는 것이었다. 조금 불쾌해지려는 마음을 달래면서 주차 거부 이유를 물었더니, 그 대답이 너무나 황당한 것이었다. 이유인즉 "이 교회 장로 XX 때문"이란다. 장로님이라는 존칭은 고사하고 쌍시옷 육두문자를 마구 내뱉었다. "그 XX들"하던 그는 조금 뒤 감정 문제가 있어서 그러하니 이해해 달라고 하면서 미안해했다.

그래서 내가 찾는 교회 이름을 대면서 그 위치를 아느냐고 물었더니, 조금 전과는 달리 아주 친절하게 위치를 설명해 주면서 그 교회는 장소를 이전해서 신축했는데 그 교회가 이곳에 있을 때 그 교회 교인들에게는 무료로 주차장을 개방해 왔다고 했다. 그러면서 그 교회는 목사님과 함께 모든 성도가 다 좋은 분들이라고 하면서 그 교회는 참 좋은 교회라고 했다. 마치 자신이 소속되어 있는 교회인양 침이 마르도록 칭찬을 했다. 알려 준 대로 찾아가 예배를 드리고 친구 목사와 점심을 함께 하면서 대충 저간의 교회 사정을 들었다. 그리고는 개운치 못한 무거운 마음으로 돌아오면서 생각했다.

한 사람의 불신자의 눈에 비친 두 교회. 하나는 '못된 교회'이고, 다른 하나는 '참 좋은 교회'다. 나를 통해 비쳐진, 내가 섬기는 교회는 어떠한 교회로 평가되고 있을까? 나로 인해 '참 좋은 교회'라는 평가를 받을까, 아니면 나로 인해 '못된 교회'라는 평가를 받을까? 이 글을 읽고 있는 당신은 어느 쪽에 있다고 생각하는가?

그리스도인이라고 하면 누구나 심각하게 생각할 것이 있다. 그것은 주변 사람들로부터 나와 내가 소속되어 있는 교회가 어떠한 평가를 받고 있느냐 하는 것이다. 명심해야 한다. 내가 거부당하는 것은 자연인으로서의 내가 거부당하는 것이 아니라 내가 믿는 복음, 곧 예수 그리스도께서 거부당하는 것이다. 복음을 거부하면 그는 멸망하고 만다.

복음을 거부하는 자의 멸망은 무엇을 말하는가? 영원한 지옥 형벌이다. 한 영혼을 실족케 하면 차라리 연자 맷돌을 목에 매고 깊은 바다에 던지움을 당하는 것이 낫다고 했는데, 얼마나 끔찍하고 또 두려워해야 할 일인가? 복음을 거부하는 자는 복음을 거부함으로 영원한 지옥 형벌을 받게 될 것이기에 끔찍한 일이요, 온 천하보다 귀한 한 영혼을 실족케 하는 자신도 멸망을 면치 못할 것이니 두려워해야 할 일인 것이다.

그런데 작금의 교계 실상을 보면 탐욕으로 인하여 여러 가지로 불미스러운 모습을 보임으로 광풍에 선과일이 떨어지듯 수많은 영혼들이 실족하는 것 같아 마음이 저며 온다. 80년대부터 교회 성장이 둔화되고 오히려 마이너스 성장이라고 탄식들 한다. 그러나 교회 성장의 둔화 원인이 바로 세속적인 명리에 대한 탐욕 때문이요, 탐욕으로 인한 분열과 분쟁 때문임을 그리스도인이라면 너나할것없이 모두가 통감해야 할 것이다. 지도자에게 있어서는 더 말할 것이 없다. 성도는 말씀의 자녀가 아닌가? 당연히 말씀을 보이며 살아가야 한다. 그러나 말씀을 말하는 성도는 많으나 말씀을 보이는 성도는 찾기가 어렵다. 말씀의 자녀인 성도는 이웃들로 하여금 선한 삶을 살아가게 하는 촉매제 역할을 해야 한다. 교회는 건물이 아니라 말씀의 자녀들의 모임인 말씀의 공동체이기에 말씀을 보이는 교회가 되어야 한다. 그러므로 교회는 당연히 '좋은 교회'여야 한다. '못된 교회'가 될 수 없다.

이 글을 읽고 있는 당신은 당신이 소속한 교회에서 어떠한 모습으로 존재하는가? '좋은 교회'라고 일컬음을 받게 하는 자로 존재하는가, 아니면 '못된 교회'라고 일컬음을 받게 하는 자로 존재하는가? 심각하게 고민하

면서 누구를 탓하기 전에 당신 자신부터 당신이 소속한 교회가 '더 좋은
교회'가 되게 하는 촉매제(觸媒劑)로 살아가야 한다. 녹아지는 촛물, 죽
어지는 밀알로 더 좋은 교회의 촉매제가 되어야 한다. 그리하여 더 좋은
교회로 평가를 받음으로써 좁아지고 있는 전도의 문을 넓게 열어가야 하
겠다.

시간을 이용하는 **지혜**와 시간을 보내는 **어리석음**

세월을 아끼라 때가 악하니라(엡 5:16)

●●● 하나님께서 인간 모두에게 공평하게 주신 것 가운데 대표적인 것을 들라고 하면, 햇빛과 공기와 물을 꼽을 수 있다. 햇빛과 공기와 물은 남녀노유 빈부귀천 차별 없이 공평하게 베풀어 주신 자연의 은혜다.

그런데 또 하나 차별 없이 누구에게나 허락해 주신 것이 있는데, 그것은 시간이다. 힘 있고 잘난 사람에게는 시간을 더 주고, 못나고 힘없는 사람들에게는 시간을 덜 주거나 하시지 않았다. 그러나 이렇게 공평하게 주어진 시간이지만, 어떻게 관리하느냐에 따라서 보람 있고 가치 있는 행복한 삶을 살기도 하고 가치 없고 무미건조한 불행한 삶을 살기도 한다. 서양 격언에 '지혜로운 사람은 시간을 어떻게 이용할까 생각하고, 어리석은 사람은 시간을 어떻게 보낼까 생각한다'는 말이 있다. 계획을 세워 시간을 규모 있게 이용하려는 사람은 하루 24시간이 아닌 25시간을 주어도 모자란다. 이들은 분, 초를 쪼개서 보람 있고 가치 있게 활용한다. 그래서 순간순간 의미 있는 삶, 행복한 삶을 살아간다. 그러나 아무런 시간 계획 없이 규모 없는 삶을 사는 사람은 한 시간도 주체를 못한다. 매순간이 권태롭고 지루하고 짜증스럽기만 하다. 때문에 주체스러운 시간을 잊으려고 동물적인 쾌락이나 불의하고 아름답지 못한 일들을 생각하고 더욱 자극적인 것을 쫓다가 종내는 인생 파국에 이르게 된다.

건강하고 성숙한 성도는 시간을 어떻게 보낼까 생각하는 어리석은 사람이 아니라 시간을 어떻게 이용할까 생각하며 선하게 활용하는 지혜로운 사람이다. 성경에 말씀하기를, 악한 세상이므로 시간을 아껴 하나님의 의도대로 선한 일에 힘쓰라고 했다. 흔히들 시간은 돈이라고 하지만, 시간은 생명과 같은 것이다. 시간 관리를 소홀히 하는 사람은 자신의 생명을 소홀히 여기는 것과 같다. 지금 그대는 시간을 활용하고 있는가, 아니면 시간을 보내고 있는가?

그러나 한 가지 더 기억할 것은 하나님의 의도대로 선한 일에 바쁘게 움직이는 것도 중요하지만, 경중(輕重)과 선후(先後)를 바로 분별해서 중요한 일과 먼저 해야 할 일을 선택해서 때맞춰 움직이는 것도 중요하다. 때로는 경중과 선후를 바로 분별하지 못함으로 바쁘게 움직이기는 했는데 별 소득 없이 피곤하기만 한 삶을 살아가는 경우가 있기 때문이다.

성도에게 있어서 가장 중요하고 시급하며 그래서 무엇보다도 먼저 해야 할 일은 무엇인가? 그것은 바로 온 천하보다도 귀한 한 영혼을 구원하는 것이고, 믿음이 미숙한 사람을 성숙한 믿음의 사람으로 세워 주는 것이다. 그러므로 성도의 모든 삶의 초점은 여기에 맞춰져야 하고, 이를 위해서는 자신에게 있어서 가장 소중한 것, 목숨까지도 포기할 자세로 자신의 삶에 임해야 한다. 어느 공동체에 소속되어 있든지 이 같은 자세로 살아가면 그 공동체는 마침내 복음화가 되고 하나님의 통치를 받는 하나님 나라가 이룩될 것이다. 이보다 더 중요하고 시급하며 선한 일이 어디 있는가? 그러므로 선한 일을 위하여 시간을 이용해서 바쁜 삶을 살되 자신이 소속한 공동체의 복음화에 초점을 맞춰 살아가라. 그리하면 어느 때 주님 앞에 서게 되더라도 부끄러움 당하지 않고 주님으로부터 칭찬과 존귀와 영광을 얻게 될 것이다.

바다 같은
마음

무엇보다도 뜨겁게 서로 사랑할지니
사랑은 허다한 죄를 덮느니라(벧전 4:8)

●●●● 건강하고 성숙한 성도는 바다와 같은 넓고 깊은 마음을 가진 사람이다. 복음송 가운데 이러한 것이 있다. "내게 바다 같은 사랑 내게 바다 같은 사랑 내게 바다 같은 사랑 넘치네 할렐루야 내게 바다 같은 사랑 내게 바다 같은 사랑 내게 바다 같은 사랑 넘치네"

그대에게는 진정 바다 같은 사랑이 넘치고 있는가? 바다 같은 사랑이란 무엇을 말하는가? 바다에는 고래와 같은 큰 고기도 있고 식인 상어와 같은 사나운 고기도 있다. 바다에는 문어같이 징그러운 고기도 있고 새우같이 보잘 것 없는 고기도 있다. 바다는 이 모든 어류들을 하나도 배척하지 않고 다 한 품에 안고서 말이 없다. 또 바다는 백인이든 흑인이든 인종에 관계없이 모든 사람을 다 받아들인다. 바다는 유·무식이나 신분의 귀천에 관계없이 모든 사람을 다 받아들인다. 그리고 말이 없다. 바다는 남녀노유 빈부를 가리지 않고 모든 사람을 다 받아들인다. 그리고 말이 없다.

바다 같은 마음을 가진 성도는 이 같은 마음을 지닌 사람을 말한다. 고래처럼 큰 사람을 대할 때, 시기 질투하거나 비굴하게 아첨하지 않고 있는 그대로 받아들인다. 새우처럼 작은 사람을 대할 때도 교만하거나 업신여기지 않고 있는 그대로 받아들인다. 문어처럼 징그럽고 혐오스러운 사람을 대할 때도 피하거나 멸시치 않고 있는 그대로 받아들인다. 식인상어처럼 사납고 위협적인 사람을 대할 때도 두려워하거나 비열해지지 않고 있는 그대로 받아들인다.

교회와 사회가 화합하고 일치하려면 그리스도인 모두가 바다와 같은 넓고 깊은 마음을 가져야 한다. 폐쇄적이고 단절적이고 배타적인 것은 주 예수 그리스도의 마음도 아니요, 가르침도 아니다. 모두를 포용하고 따뜻하게 감싸 주는 바다 같은 마음을 가진 성도와 교회가 증가할 때 이 사회는 따뜻하고 포근한 살맛나는 세상이 될 것이다. 건강하고 성숙한 성도는 바다 같은 마음을 지닌 자다. 바다 같은 마음이 곧 십자가의 예수의 마음이기 때문이다. 건강하고 행복한 교회는 바다와 같은 마음, 곧 십자가의 예수의 마음을 가진 성도가 많은 교회다.

오늘날 교회가 사회로부터 지탄을 받는 것은, 바다와 같은 넓고 깊은 마음을 가지지 못해 모두를 포용하지 못하고 있기 때문이다. 그래서 교회를 폐쇄적이고 단절적이고 배타적이고 독단적이라고 비난하는 것이다. 그러므로 성도들은 베드로에게 하신 하나님의 말씀을 언제나 잊지 말고 기억해야 한다. "하나님께서 깨끗하다 하신 것을 네가 속되다 하지 말라."(행 10:15)

이 말씀은 베드로가 예수님을 구주로 믿으면서도 마음 문을 닫고 이방인을 차별하고 받아들이지 않고 있을 때에 하신 말씀이다. 하나님께서 이방인이라고 차별하지 않고 받아 주신 것처럼 너도 차별하지 말고 받아 주어야 한다고 말씀하고 있는 것이다. 때로 우리는 하나님보다 높은 자리에서 어쭙잖은 행동을 보일 때가 있다. 그것은 베드로처럼 계층과 사안에 따라서 사람을 차별하는 것이다. 하나님께서는 이미 용서하시고 받아 주셨는데 나는 여전히 받아 주지 못하고 배척하는 경우가 많다. 그래서 가장 도량이 크고 깊고 넓어야 할 그리스도인들이 속좁은 옹색한 사람으로 비쳐짐으로 세인들로부터 조롱을 받는 것이다.

하나님의 마음은 십자가 예수님의 마음이요, 예수님의 마음은 바다와 같은 마음이다. 예수님을 모시고 사는 성도는 당연히 그리고 자연스럽게 예수님의 바다 같은 마음을 가져야 한다. 당신의 마음은 어떠한가? 도랑물 같은 얕고 좁은 마음인가, 아니면 바다 같은 깊고 넓은 마음인가?

말 타면 경마 잡히고 싶은 욕망의 불길

부하려 하는 자들은 시험과 올무와
여러 가지 어리석고 해로운 욕심에 떨어지나니
곧 사람으로 파멸과 멸망에 빠지게 하는 것이라(딤전 6:9)

●●● 만족을 모르는 것이 사람의 욕심이다. 그래서 '말 타면 경마 잡히고 싶다'는 말을 하는 것이다. 사람의 욕심은 아궁이와 같다고 했다. 아궁이는 세상의 땔감을 다 삼켜도 여전히 입을 벌리고 있기 때문이다. 사람의 욕심은 무덤과 같다고 했다. 이 세상 사람의 시신을 다 삼켜도 여전히 입을 벌리고 있기 때문이다. 만족하지 못하기 때문에 감사할 줄을 모른다. 언제나 불평불만이고 탄식과 한숨이 떠나질 않는다. 원망과 증오심을 갖고 시기 질투로 갈등을 빚으며 살인까지 저지른다. 원하는 대로 이루어지지 않기 때문에 번민하고 괴로워한다. 그래서 욕구 충족을 위해 불법과 불의와 부정한 일까지 서슴없이 감행하다가 결국에는 파멸에 이르고 만다.

성경 말씀에 "오직 각 사람이 시험을 받는 것은 자기 욕심에 끌려 미혹됨이니 욕심이 잉태한즉 죄를 낳고 죄가 장성한즉 사망을 낳느니라."

(약 1:14-15)고 했다. 그러므로 멸망의 화근이 되는 욕심의 싹을 잘라 내야 한다. 마음을 비우고 자아를 내려놓으라. 아집을 버려야 한다. 비우고 버리고 내려놓으면 참 부요와 평안을 누리게 된다. 그래서 무욕(無慾)이 부(富)라고 하는 것이다. 예수님께서 말씀하시기를 "심령이 가난한 자는 복이 있나니 천국이 그들의 것이라."(마 5:3)고 했다. 천국은 예수 그리스도이시다. 예수 그리스도는 모든 것의 모든 것이 되시는 분이다. 그래서 다윗도 "주님 한 분만으로 만족합니다. 더 바랄 것이 없습니다."고 고백했다. 영성 깊은 무디도 고백하기를 "깨달음이 미천할 때는 이것저것을 끊임없이 구했지만, 깊은 깨달음이 있은 후에는 주님 한 분만을 구했다."고 했다.

참된 평안과 부요를 누리는 행복한 삶을 원하는가? 그렇다면 가난한 마음이 되라. 그리고 모든 것의 모든 것이 되시는 예수님을 빈 마음에 모시라. 그 순간 행복한 삶이 시작될 것이다. 말 타면 경마 잡히고 싶어진다. 욕심은 끝도 없고 한도 없기 때문이다. 어떻게 하면 끝도 없고 한도 없는 욕망을 충족시키고 만족하며 감사하는 삶을 살아갈 수 있을까? 사실 이 문제는 그렇게 어려운 것이 아니다. 어떻게 생각하면 아주 간단하고 단순하다. 아주 쉽다. 당신의 값이 얼마인지를 알면 된다. 당신은 당신의 값이 얼마나 된다고 생각하는가? 주님께서 말씀하시기를 당신의 값은 온 천하 만물, 곧 온 우주를 합산한 값보다 더 귀하고 값지다고 하셨다(마 16:26). 때문에 당신의 욕망 주머니는 온 우주를 다 얻어서 집어 넣어도 채워지지 않는다. 온 우주보다도 당신의 욕망 주머니가 더 크기 때문이다.

그러면 어떻게 하면 욕망의 주머니를 채워서 만족하게 할 수 있을까? 그것은 당신의 욕망 주머니보다 더 큰 그 무엇, 곧 당신보다 더 큰 그 무엇으로 채우면 된다. 그러면 당신보다 더 큰 것, 당신의 욕망 주머니보다 더 큰 그 무엇이 무엇이겠는가? 바로 우주 만물을 지으시고 당신을 지으신 창조주 하나님, 예수 그리스도를 모시면 된다. 그렇게 하면 당신도 다윗처럼 "나는 주님 한 분만으로 만족합니다. 더 바랄 것이 없습니다."라고 고백하며 참 만족을 누리면서 행복한 삶을 살게 될 것이다.

말 타면 경마 잡히고 싶은 끝없는 욕망의 불길을 잠재울 수 있는 방법은 오직 하나, 예수님을 당신의 구주로 영접하면 된다. 예수님을 당신의 왕과 주인으로 모시고 그분의 인도를 따르면 된다. 성령을 좇아 행하라. 그리하면 육체의 욕심을 이루지 아니하리라고 성경은 말씀하고 있다. 성령의 능력으로 말 타면 경마 잡히고 싶은 욕망의 불길을 잠재우고 주 안에서 참 만족과 평안을 누리는 행복한 그리스도인의 삶을 살아가라.

성도의
어전생활(御前生活)이
복음화를 앞당긴다

내가 주의 영을 떠나 어디로 가며 주의 앞에서 어디로 피하리이까
내가 하늘에 올라갈지라도 거기 계시며
스올에 내 자리를 펼지라도 거기 계시니이다(시 139:7-8)

●●● 어전생활(御前生活)이란, 왕 앞에서 행동하는 모습을 말한다. 꼭 군주 국가가 아닌 자유 민주 체제라 하더라도 대통령 앞에서는 함부로 말하지 못하고 행동거지도 조심하게 되는 것을 본다. 물론 군주 체제에서의 임금 앞에서는 더 말할 것도 없다.

그리스도인들은 하나님을 만왕의 왕으로 알고, 또 그렇게 믿고 고백하며 섬긴다. 그런데 문제가 있다. 일정한 공간이나 시간 안에서 예배를 드리거나 지면이 있는 사람들 앞에서는 하나님을 진실하게 섬기는 사람처럼 거룩한 모습을 한다. 그러나 예배를 드리는 공간이나 시간을 벗어나면, 그리고 지면이 있는 사람의 눈길이 닿지 않는 다른 환경에 머물게 되면 전연 하나님과 관계없는 사람 같이 말하고 행동하는 것을 본다. 가증스러운 생활이 아닐 수 없다.

성경에 말씀하기를 "그들이 하나님을 시인하나 행위로는 부인하니 가

증한 자"(딛 1:16)라고 했다. 유신론자(有神論者) 같으나, 실제로는 무신론자(無神論者)인 것이다. 하나님은 거짓을 가장 싫어하신다. 마귀는 거짓말쟁이요 그의 거짓된 속임수에 하나님과 인간과의 조화가 깨어졌기 때문이다. 하나님은 진실을 기뻐하신다. 진실은 생각과 말과 행동이 언제 어디서나 한결같은 것을 말한다. 진실한 삶은 철두철미한 어전의식을 가질 때 비로소 가능하다. 세상 임금은 시간과 공간의 제한을 받지만, 만왕의 왕이신 하나님은 시간과 공간의 제한을 받지 않으신다. 그래서 성경에 말씀하시길, 온 우주가 하나님이 거하시는 성전이요 하나님의 신은 온 천지에 충만하다고 했다. 때문에 아무도 하나님의 낯을 피할 수 없고, 아무도 하나님 앞에 자신을 숨길 수 없다고 했다. 어디나 계실 뿐만 아니라 인간의 심장 폐부를 감찰하시고 모든 생각과 계획을 알고 계시기 때문이라고 했다.

하나님을 충심으로 공경한 요셉은 하나님이 어떠한 분임을 바로 알았기에 철두철미한 어전의식을 가지고 언제 어디서나 진실하게 생활했다. 형들의 미움을 산 요셉은 애굽으로 팔려가 바로의 시위대장 보디발의 노예가 되었다. 그런데 음란한 보디발의 부인이 요셉을 끈질기게 유혹했다. 하루는 집 안에 아무도 없는 것을 알고 절호의 기회라고 생각한 보디발의 부인이 요셉의 옷자락을 붙잡고 적당히 인생을 즐긴들 누가 알겠느냐고 하면서 집요하게 유혹의 손길을 내밀었다. 요셉은 보디발의 부인에게 단호한 태도로 말했다. "우리를 보는 사람의 눈은 없지만, 하나님께서 우리를 보고 계신데 내가 어떻게 하나님 앞에서 득죄할 수 있겠는가?" 평소에 철두철미하게 하나님의 어전의식을 가지고 생활했던 요셉은 이렇게 유혹을 물리치고 승리의 삶을 살았다.

공자는 혼자 있을 때를 삼가라고 가르쳤다. 좋은 교훈이지만 진실한 삶의 절대적 척도는 되지 못한다. 진실한 삶은 철두철미한 하나님의 어전의식을 가질 때에만 가능하다. 하나님을 섬기지 않는 사람들은 말할 것도 없고, 하나님을 섬기는 그리스도인들까지 여행 중에 불미스러운 추태를 부리는 일이 있다고 한다. 크게 각성해야 할 일이다. 비단 국내외를 여행할 때뿐만 아니라 일상의 생활이 어전생활이 되어야 한다. 문을 겹겹이 닫은 골방 안에도 하나님은 계시고, 사람의 흔적을 찾을 수 없는 심산유곡이나 광활한 벌판에도 하나님이 계시기 때문이다. 천만의 한국 그리스도인 모두가 하나님을 향한 어전생활을 한다면 우리 나라의 복음화는 훨씬 앞당겨질 것이다. 성도에게 있어서 하나님의 편재(偏在)하심과 전지(全知)하심은 지식이 아니라 삶이다. 당신 있는 그곳이 바로 하나님 어전(御前)임을 명심하라.

살폿한 **정**이
아쉬운 시대

그러므로 무엇이든지
남에게 대접을 받고자 하는 대로 너희도 남을 대접하라.
이것이 율법이요, 선지자니라(마 7:12)

●●● 지금은 그 어느 시대보다도 살폿한 정이 아쉬운 시대다. 종말 시대에는 사람들의 마음이 강퍅할 대로 강퍅해져서 무정하고 사납고 감사할 줄을 모르고 원통한 것을 풀지 않는다고 했다. 그리고 극단의 이기주의와 배금주의, 교만 때문에 서로 갈등하고 쟁투하는 살벌한 세상이 될 것이라고 했다. 바로 오늘의 사회 실태를 보면, 날로 심화되고 있는 정서 고갈로 인해 세인(世人)의 마음은 급속도로 사막화되어 가고 있다. 참으로 안타깝고 답답한 일이 아닐 수 없다. 진정 녹색(綠色) 세상으로의 회생의 길은 전혀 없는 것일까? 아니다. 처방전은 이미 나와 있다. 정오의 햇살 아래 마지막 남은 풀잎 끝의 한 방울의 이슬 같은 당신이 바로 그 처방전이다. 그리스도인인 당신은 예수님의 사랑의 정을 품고 살아가는 사람이다. 예수님께서 말씀하신다. 예수님께로부터 받은 사랑의 정을 품고만 있지 말고 이웃들에게 부지런히 나누고 베풀며 살아가라고 하신다.

베풀고 나누되 '네가 먼저' 나누고 베풀라고 하신다. 어린아이와 개는 괴는 데로 간다는 것을 알고 있는가? 어린아이와 개는 자기를 귀여워해 주고 사랑해 주는 사람을 좋아하고 따른다. 가는 정이 있으니까 오는 정이 있는 것이다. 살풋한 정을 담은 소리는 봄날에 굳은 땅을 치솟고 올라오는 새순처럼 삶에 활력을 넣어 줌으로 기운이 솟게 한다. 그러므로 삭막하고 비정한 세상이라고 탄식만 할 것이 아니라 십자가의 사랑의 정을 당신이 먼저 이웃에게 나누고 베풀어 보라. 그리하면 살풋한 십자가의 사랑의 정이 되돌아와서 메말라가는 당신의 마음도 촉촉하게 적셔 줄 것이다.

생각해 보았는가? 이 세상에서 서로가 먼저 괴는 아름다운 풍속이 이루어지게 하는 일에 바로 그리스도인인 당신이 마중물 역할을 감당한다면 하나님께서 얼마나 기뻐하실 것인가를 말이다. 당신이 바로 살풋한 정으로 충만한 세상을 이루는 일의 마중물임을 기억하라. 이제 더욱 기독교의 황금률을 따라 살아가기를 힘쓰라. 그리하면 세상은 밝아지고 당신은 더욱 건강하고 행복한 삶을 살아가게 될 것이다. 문제는 내가 먼저 정을 주어야 하는데 모두가 한결같이 상대로부터 정(情) 받기를 기대하기 때문에 아무도 정을 받지 못하고 심령은 더욱 메말라만 가는 것이다.

기독교의 황금률이 무엇인가? 남에게 대접을 받고자 하는 대로 먼저 남을 대접하라는 것이다. 당신이 어느 공동체에 소속되어 누구와 관계를 맺으며 생활할 때에 상대로부터 정 받기만을 기대한다면 당신은 항상 불만과 원망 속에서 스스로 쌓은 고독의 성에서 힘들게 살아가게 될 것이다. 그러나 당신이 먼저 정을 주면서 살아가면 당신은 기쁨과 즐거움으로 행복 가득한 삶을 살아가게 될 것이다. 가는 정이 먼저임을 잊지 말고, 조건 없이 계산 없이 먼저 살풋한 정 주기에 인색하지 말라. 먼저 정을 주는 만큼 당신의 행복 지수가 높아진다는 것을 잊지 말라.

최상의 **선물**로,
최상의 **기쁨**을

주를 기쁘시게 할 것이 무엇인가 시험하여 보라(엡 5:10)

●●● 며칠 후면 구주 예수께서 탄생하신 성탄절이다. 어떻게 하면 최상의 선물로 최상의 기쁨을 주님께 안겨 드릴 수 있을까? 부질없는 꿈일까? 그래도 주님께서 탄생하신 성탄절에 최상의 선물로 최상의 기쁨을 주님께 안겨드리는 멋진 장면을 그려 본다.

동생 야곱을 향한 증오와 분노로 절치부심하던 형 에서가 지난날의 억울하고 분한 감정을 모두 지워버리고 불안과 공포에 떨며 귀향하는 야곱에게로 달려가서 포옹을 하고 입을 맞추듯, 세계적인 메가 처치를 섬기는 두 형제가 서로의 반목을 청산하고 만인 앞에서 서로 포옹하고 입을 맞추면서 교단을 하나로 통합한다고 선언하는 멋진 장면을 연출한다면 주님을 기쁘시게 하는 최상의 선물이 되지 않을까? 감독이 되고자 하는 두 분 어르신네도 그간의 모든 부끄럽고 아픈 흔적들을 자신의 소치로 돌리고 서로 포옹하고 입을 맞추면서 이제 마음을 비우고 조용히 물러가노라고 선언한다면, 이 또한 주님을 기쁘시게 하는 최상의 선물이 되지 않을까?

새삼 바나바와 세례 요한 같은 분이 그립다. 천이백 만의 성도를 자랑하는 한국 교회에 바나바와 같은 통 크고 속을 비운 순도 100프로의 순수한 영성 지도자는 진정 없는 것일까? 바나바는 어떤 분인가? 바나바는 자신에게 미칠 불이익을 예상하면서도 하나님의 뜻을 이루기 위해 다소에 머물고 있는 바울을 찾아가서 그를 안디옥 교회로 인도해 함께 사역을 했다. 실력자 바울과 함께 일하면 많은 사람들의 관심이 자신에게서부터 바울에게로 옮겨 가고 끝내는 바울의 그늘에 가려서 자신의 존재마저 잊혀질 것을 알면서도 오직 주님을 사랑하는 일념에서 사역하였다. 그리고 사랑하는 주님의 뜻을 이루어야 한다는 순박한 생각이 바나바로 하여금 세속적인 욕망의 줄에 매이지 않고 세속의 명리에 자유로울 수 있게 하였다. 바나바는 자신은 녹아지는 촛물이 되어 이름도 없이 빛도 없이 섬기고, 바울로 하여금 밝은 빛이 되어 어둠의 세상을 밝히게 했던 것이다. 대체로 인간의 심리는 자신보다 실력이 월등하거나 또는 대등하다 생각되면 그를 경계하고 견제하다가 마침내는 할 수 있는 갖가지 수단과 방법을 총동원해서 상대를 침몰시키고 자신을 돋보이려고 하는데, 바나바는 오히려 그 반대였다. 자신은 철저하게 무너져 내린다 할지라도 큰 뜻을 위해 상대를 세워 주는 참으로 건강하고 아름다운 모습을 보여 주었다.

세례 요한도 그러했다. 세례 요한의 제자들이 자신들의 스승인 세례 요한의 인기는 점점 하락하고 반면 나사렛 예수의 인기는 점점 상승함으로 세례 요한을 따르던 무리들이 나사렛 예수에게로 옮겨 가는 것을 안타깝게 생각하면서 그 실상을 스승인 세례 요한에게 보고하며 모종의 대책을 강구해야 되지 않겠느냐고 할 때에 세례 요한은 어떻게 반응했는가? 자신의 인기 하락에 초조해하지도 않았고, 나사렛 예수의 인기 상승에 시기 질투하지도 않았다. 오히려 세례 요한은 "나는 쇠하여야 하겠고, 그는 흥하여야 하리라." 하면서 자신은 나사렛 예수의 신발 끈을 매어 주는 일도 과분한 일이라고 했다. 얼마나 멋진 모습인가? 성경에 베들레헴은 작은 고을이지만 예수님이 탄생한 곳이기에 작지 않다고 했다. 작은 고을이 아니라 큰 고을이라는 뜻이다. 주님을 모신 자는 이미 큰 자다. 무엇을 더 바라는가? 하나님이 기뻐하셨던 다윗도 주님 한 분만으로 만족한다고 하지 않았던가? 주 안에서 낮추면 때가 되었을 때 주께서 그를 높여 주신다고 했다. 예수님께서도 친히 말씀하셨다. 자신을 낮추는 자가 큰 자라고 하셨다. 한국만으로는 좁기에 세계를 무대로 해서 이 같은 주님의 말씀을 선포하고 가르쳤을 터인데, 진작 본인들은 이러한 말씀을 따르지 않고 있으니 참으로 딱한 일이 아닐 수 없다. 이 같은 일이 어찌 유명한 분들만의 일이겠는가? 오늘 이 시대의 그리스도인 모두의 일이 아니던가?

이 땅의 그리스도인들이여! 주님께서 탄생하신 성탄절에 무엇으로 어떻게 주님을 기쁘시게 할 것인가? 서로 용서하고 화목하자. 나는 감추고 주님과 이웃만이 돋보이게 하자. 가정 차원이든, 교회 차원이든, 그리고 교단 차원이든 십자가의 사랑으로 서로를 받아 주고 화목하자. 화목만이 최상의 기쁨을 주님께 안겨 드리는 최상의 선물이 될 것이다. 우리 모두 화목한 모습을 주님께 선물로 드리자. 그래서 진정 주님과 함께 하는 메리 크리스마스가 되게 하자.

그리스도인은 시비(是非)를 분명히 해야 한다

예수께서 돌이키시며 베드로에게 이르시되 사탄아 내 뒤로 물러가라
너는 나를 넘어지게 하는 자로다 네가 하나님의 일을 생각하지 아니하고
도리어 사람의 일을 생각하는도다 하시고(마 16:23)

●●●● 오늘의 교회가 병약하고 그래서 혼란한 사회를 감당
하지 못하고 있는 것은, 그리스도인들이 시비(是非)를 분명하게 하지 못하
는 데서 비롯되었다. 다윗을 통해 주신 하나님의 말씀은 단호하시다. 복
있는 사람은 '예'와 '아니요'를 분명히 해야 한다고 했다(시 1:1-2). 그리고
그 복 있는 사람은 바로 예수님을 구주로 믿고 고백함으로 죄와 허물의 가
리움을 받은 그리스도인이라고 했다.(마 16:16-17, 시 32:1)

그리스도인은 자신의 삶의 현장에서 범사에 시비를 분명하게 해야 한
다. 그래야 사회의 질서가 서고, 하나님께서 의도하시는 대로 역사가 바
른 방향으로 굴러간다. 이는 그리스도인이 빛과 소금으로 역사 속에 존재
해야 하는 이유다. 옛 현자(賢者)도 가르치기를 '시시비비왈지(是是非非日
知), 시비비시왈부지(是非非是日不知)'라고 했다. 옳은 것은 옳다 하고 그
른 것은 그르다 하는 것이 참된 지식이요, 옳은 것을 그르다 하고 그른 것

을 옳다고 하는 것은 참된 지식이 아니란 말이다. 성경 말씀에 여호와를 경외하는 것이 지식의 근본이라고 했다(잠 1:7). 곧 하나님을 공경하고 사랑하는 그리스도인은 하나님의 말씀을 따라 옳고 그름을 바로 분별해서 말씀대로 바르게 살아간다는 뜻이다.

그러나 작금의 혼란하기만 한 사회 현상이나 교회의 실태를 보면 시비를 바로 분별해서 바르게 처신하는 사람이 그렇게 많지 않음을 쉽게 알 수 있다. 왜 사람들이, 그리고 그리스도인들이 시비를 바로 분별하지를 못하는 것일까? 이유는 단순하다. 탐욕과 정에 매이기 때문이다. 정과 욕심은 분별의 눈을 흐리게 한다. 정과 욕심에 매이면 분별력을 상실하게 된다. 남을 정복하고 지배하려는 권세욕, 자신을 더 크게 드러내 보이려는 명예욕, 더 많이 소유하고 누리려는 물욕과 향락욕이 시비를 바로 분별하지 못하게 한다. 그리고 같은 핏줄이라고 하는 혈육의 정, 같은 고향인이라고 하는 지연의 정, 동문이라고 하는 학연의 정 등, 인정(人情)이 시비(是非)를 바로 분별하지 못하게 한다. 공동체가 크든지 작든지 정치는 있어야 한다. 문제는 '누가 정치를 하느냐?' 이다. '된 자'의 정치와 '된 척하는 자'의 정치에 따라서 공동체의 사활이 좌우되기 때문이다. 욕심과 정을 초월하여 시비(是非)를 바로 분별하는 정치가들이 정치하는 공동체는 질서가 있고 건강하고 아름다운 모습으로 운영되지만, 욕심과 정에 매여 시비를 바로 분별하지 못하는 정치꾼들이 정치하는 공동체는 혼란스럽기만 하고 그 모습이 병약하여 추하기 이를 데가 없다.

그리스도인이 누구인가? 성경에서 말씀하기를 그리스도인은 육체와 함께 정과 욕심을 십자가에 못 박은 자라고 했다(갈 5:24). 교회는 이렇게 육체와 함께 정과 욕심을 십자가에 못 박은 그리스도인들의 모임이다. 그렇다면 당연히 교회에는 질서가 있어야 하고 그 모습이 건강하고 아름다워야 할 것이다. 그런데 오늘의 교회들은 혼란에 혼란을 더해가고 있다. 우리 나라를 비롯한 지구촌의 모든 나라들이 그러하다. 구석구석 크고 작은 갈등들과 마찰로 극심한 혼란을 빚고 있다. 왜일까? 욕심과 정에 매인 정치꾼들 때문이다. 지금은 교단마다 총회가 열리는 계절이다. 교회 밖이든 교회 안이든 지도자연 하는 사람은 많으나 영성이 메마른 기능인들만이 북 치고 장구 치고 춤추고 있어 우려스럽기만 하다. 탁월한 기능과 함께 성숙한 영성과 인격을 겸비한 지도자는 좀처럼 볼 수가 없어 모두가 지쳐 있다. 이러한 때에 가을 들녘에 무르익어 머리를 숙인 곡식처럼 성숙한 신앙과 인격으로 겸손한 섬김의 도를 보이며 앞서가는 지도자, 존경과 사랑으로 따를 수밖에 없는 강한 흡입력을 가진 매력 있는 지도자를 기대해 본다. 그리고 시시비비(是是非非)를 바로 할 수 있는 능력 있고 지혜로운 회중들의 선택의 결과를 기대해 본다.

그리스도인은 너나할것없이 시비(是非)를 분명히 해야 한다. 그래야 교회가 하나님께서 의도하신대로 시대적인 사명과 역사적인 책임을 감당할 수 있다.

지금 당신이 걷고 있는 길은 정도(正道)인가, 사도(邪道)인가?

좁은 문으로 들어가라 멸망으로 인도하는 문은 크고
그 길이 넓어 그리로 들어가는 자가 많고
생명으로 인도하는 문은 좁고 길이 협착하여 찾는 자가 적음이라(마 7:13-14)

●●● 사람이 마땅히 가야 할 길이 있다. 정도(正道)다. 사람이 결코 가서는 아니 될 길이 있다. 사도(邪道)다. 그래서 옛 어른들이 교훈하기를, 말(言語)이 아니면 탓하지 말고 길(正道)이 아니면 가지를 말라고 했다.

오늘의 사회가 왜 이리도 혼탁한가? 너나할것없이 바른말을 하지 않고, 바른 길을 가지 않기 때문이다. 하나같이 명분(名分)은 그럴듯하다. 모두가 애국 애족하는 애국지사들이다. 모두가 하나님의 영광을 위해 일하는 충성스러운 그리스도인들이다. 그러나 속내는 내세우는 명분처럼 그렇지가 않다. 자신의 이해득실을 위해서 주판알을 굴리고 있고 계산기의 자판을 두드리고 있다. 자신의 이득과 관계해서 어느 쪽으로 무게 중심이 기우는지 저울질하고 있다. 그래서 자신의 이득에 무게 중심이 실리는 쪽으로 아첨하며 접근한다. 변신술에 능한 정치꾼들의 모습이고, 처세에 달통

(達通)한 모리배(謀利輩)들의 작태다. '양두구육(羊頭狗肉)'이란 이를 두고 하는 말일 게다. 노무현 전 대통령의 실패한 국정 운영으로 당의 지지도가 계속 바닥에서 맴돌고 일어설 기미가 보이지 않았을 때 노무현 전 대통령과 선을 긋고 그를 따르던 무리들을 당에서 축출했던 사람들이 이제는 비정상적인 방법으로 죽음의 길을 택한 노무현 전 대통령에 대한 동정적인 추모의 물결이 바다를 이루자 태도를 돌변하여 노무현 전 대통령의 죽음을 미화하고 있다. 이처럼 기형적 시류에 편승하는, 도시(都是) 철학도 신조도 없는 얼빠진 사람들이 언필칭 나라를 위하고 민초들을 위한다고 한다. 가소롭기 이를 데 없다. 또 모처럼 이상(理想)했던 복지 강국을 구현할 수 있는 기회를 잡은 사람들도 마찬가지다. 제사보다는 젯밥에만 온통 마음이 쏠려 있다. 국위가 어떻게 실추되든, 국민이 얼마나 어려움을 겪든 아랑곳없이 헤게모니를 거머쥐는 데만 눈독을 들이고 있다. 이들 역시 명리에 굶주린 아귀의 모습은 감추고 언필칭 나라를 위하고 민초들을 위한다고 한다. 가소롭기는 앞서 언급한 사람들과 똑같다.

그러면 교계는 어떠한가? 교회는 건물이 아니다. 성도들의 모임이다. 성도는 누구인가? 성도는 거룩한 무리다. 거룩한 무리는 또 어떠한 무리인가? 구별된 무리, 다른 무리를 말한다. 무엇과 구별되고 다른가? 성도는 예수 그리스도 안에서 하나님을 섬기지 않는 불신의 사람들과 구별되고 다르다는 의미에서 성도다. 그런데 어떠한가? 성도의 세계인 교계에서도 명분은 하나님의 영광과 교회를 위한다고 하지만 내용적으로는 자신의 이해득실을 계산하면서 교활하게 처신하는 사람들이 하나님의 영광을 가리고 있고 교회에 큰 아픔과 상처를 주고 있다. 비단 교단장의 자리를 놓고만이 아니라 크고 작은 신앙 공동체 어느 곳에서든지 쉽게 찾아볼 수 있는 현상이다. 그래서 적지 않은 수의 성도들이 실족해서 교회를 떠나고 있고, 교회를 향한 빗발치는 비난과 함께 전도의 문은 점점 더 막히고 있다.

왜 그런가? 이유는 서두에 말한 대로 정도를 따르지 않고 사도를 따르기 때문이다. 정도(正道)는 어떠한 길인가? 예수 그리스도가 정도다. 예수님께서 "내가 곧 길"(요 14:6)이라고 하셨다. 예수님의 길은 어떠한 길인가? 한 마디로 말하면, 내가 죽어 이웃을 살리는 길이다. 예수님은 온 인류를 살리기 위해 십자가에서 대속의 죽음을 감당하셨다. 그리스도인이든 비그리스도인이든 예수님의 삶, 예수님의 길을 가면 세상은 밝아지고 건강해지고 행복해진다. 그리스도인이라면 예수님을 따라 자기를 부인하고 자기 십자가를 지고 예수님을 따르는 성육의 신앙으로 살아가야 한다. 그리스도인이 아닌 사람들도 나를 죽여 이웃을 살리려는 예수님의 성육의 정신으로 살아가면 된다. 예수님은 온 인류를 살리기 위해 제물 되어 죽으려고 오셨다고 말씀했고, 말씀대로 사셨고, 말씀대로 죽으셨다. 명분과 삶이 하나 된 삶이셨다. 이처럼 나를 죽여 이웃을 살리는 삶의 길이 정도다. 그러나 명분은 이웃을 살린다고 하면서 교활한 방법으로 이웃을 죽이고 자신의 이득을 챙기는 삶은 따라서는 아니 될 사도다.

정도를 가는 사람이 많아질수록 교회도 세상도 밝아지고 건강해진다. 그리고 하나님의 뜻이 하늘에서 이루어진 것처럼 이 땅에서도 이루어지는 기간이 단축될 것이다. 그러므로 누구를 탓하고 누구에게 기대하기 전에 나 자신에게 먼저 정도를 걷지 못한 것을 질책하고 나부터 흔들림 없이 정도를 걸어야 할 것이다. 지금 당신이 걷고 있는 길은 정도(正道)인가, 사도(邪道)인가?

당신은
그리스도 **예수의 제자,**
맞습니까?

누구든지 자기 십자가를 지고 나를 따르지 않는 자도
능히 내 제자가 되지 못하리라(눅 14:27)

●●●● 제자(弟子)의 사전적 의미는 '스승의 가르침을 받는
자'다. 그러나 엄밀하게 말하면 같은 스승 밑에서 가르침을 받았다고 해
서 다 그 스승의 제자가 되는 것은 아니다. 즉 동문수학(同門受學)했다고
해서 모두가 그 스승의 제자가 되는 것은 아니라는 말이다. 참 제자란 스
승의 모든 것을 전수(傳受)받아서 그 가르침을 자신의 삶 속에 구현(具顯)
하고, 자기 자신도 다른 사람을 제자 삼아 스승의 모든 것을 전수(傳授)
해 줌으로써 자신의 스승이 이상(理想)하는 세계가 실현되도록 노력하는
자를 말하는 것이다.

성도가 누구인가? 성도는 바로 그리스도 예수의 제자다. 예수님을 구
주로 믿고 영접하면 누구든지 그리스도 예수의 제자다. 성숙하고 미숙한
정도의 차이는 있지만, 그리스도 예수의 제자임에는 틀림없다. 그렇다
면 그리스도 예수의 제자 된 성도는 스승이신 예수님의 모든 것을 전수

(傳受)받아서 예수님의 가르침을 자신의 삶 속에 구현(具顯)하며 살아가고 또 다른 사람을 제자 삼아 스승이신 예수님의 모든 것을 전수(傳授)해 줌으로써 예수님께서 이상(理想)하시는 세계를 실현하기 위해 최선을 다해 노력해야 할 것이다.

그러나 오늘의 실상을 보면 복음을 전하는 성도는 많으나 복음을 보여 주는 성도는 그렇게 많지가 않다. 다시 말해 그리스도 예수를 전하는 사람은 많으나 그리스도 예수를 보여 주는 사람은 찾아보기가 쉽지 않다. 바울 서신을 보면 예수님의 제자 된 성도에게 붙여진 별명이 여럿 있는 가운데, 성도는 '그리스도의 편지'(고후 3:3)라고 했다. 편지를 보면 편지를 보낸 사람이 어떠한 사람인지를 알 수 있다. 곧 그의 사상, 감성, 취향, 신앙, 인격, 지적 수준, 생활 배경, 이상하는 바 등등을 알 수 있다.

무슨 말인가? 불신의 사람들이 그리스도 예수의 편지로써의 예수님의 제자 된 성도를 보면, 그가 '올인'하여 따르는 예수님이 어떠한 분인가를 알 수 있는 삶을 살아가야 한다는 말이다. 하나님은 말씀이시다. 말씀이신 하나님이 육신의 몸으로 오신 분이 예수님이시다. 성경은 기록된 말씀이요, 설교는 선포된 말씀이다. 그리고 성도는 하나님의 말씀을 받은 움직이는 말씀으로 살아가는 자다. 그래서 성도는 말씀이신 그리스도 예수의 편지인 것이다. 우리의 스승이신 예수님은 전 생애를 영혼 구원에 관심을 가지시고 여기에 초점을 맞춰서 사셨다. 예수님께서 이상(理想)하시는 세계는 물이 바다를 덮음 같이 여호와를 아는 지식이 세상에 충만한 세계다(사 11:9). 이를 위해서 예수님은 가장 부요한 자시지만 가장 가난한 빈자(貧者)로 사셨고, 가장 존귀한 분이시지만 가장 비천(卑賤)한 자로 사셨다. 그리고 성부 하나님의 뜻을 이루기 위해서 절대 순종의 삶을 사셨고, 오직 하나님만 사랑하고 하나님께만 영광을 돌리는 절대 순결의 삶을 사셨다. 또 예수님은 영혼을 구원해서 여호와를 아는 지식이 충만한 이상 세계를 이루기 위해 말로 다 할 수 없는 수모와 고난을 당하시면서 끝까지 참고 견디셨다. 그러므로 예수님의 제자 된 성도라면 마땅히 스승이신 예수님의 이상 세계를 이루기 위해 예수님의 삶을 살아가야 할 것이다.

그런데 어떠한가? 스승이신 예수님의 삶과는 너무나도 거리가 먼 삶의 형태를 보이고 있는 것이 오늘의 교회 현실이 아닌가? 일반 성도는 차치(且置)하고서라도 마땅히 성숙한 제자의 모습을 보여야 할 교계 어르신네들의 행각(行脚)을 보면 한숨이 절로 나온다. 명분은 예수님의 뜻을 이루기 위한 것이라고 하나, 실제로는 자신들의 세속적 욕구 충족을 위해 동분서주하고 있다. 할 수만 있으면 더 많이 소유하려 하고, 더 높아지려 하고, 더 유명해지려 하고, 더 풍성하게 누리려 하고, 더 많이 섬김을 받으려 한다. 그리고 이 욕구 충족을 위해서 온갖 세속적인 수단과 방법을 다 이용하고, 이 욕구가 충족되지 않으면 인내하며 절제할 줄을 모르고 각양의 추태를 보인다. 소금이 맛을 잃으면 밖에 버려져 사람에게 밟히게 된다고 스승 되신 주님께서 말씀하셨다. 예수님의 제자라면 너나할것없이 맛 잃은 소금은 아닌지 냉정하게 자신을 살펴보아야 하겠다.

당신은 그리스도 예수의 제자, 맞습니까?

건강하고 **행복**한 **가정**을 위한 바른 진단과 처방

그 중에 이 세상의 신이 믿지 아니하는 자들의 마음을 혼미하게 하여
그리스도의 영광의 복음의 광채가 비치지 못하게 함이니
그리스도는 하나님의 형상이니라(고후 4:4)

● ● ● 5월은 가정의 달이다. 어린이날이 있고, 어버이날이 있다. 부부의 날도 있다. 알고 있는 대로 가정은 사회 구성의 기초 단위다. 그래서 가정이 건강하고 행복하면 사회도 건강하고 행복해지지만, 가정이 병약하고 불행하면 사회도 병약하고 불행해진다. 그런데 안타깝게도 오늘의 사회를 건강하고 행복하게 보는 사람은 그리 많지가 않다. 이는 오늘의 사회가 건강하고 행복하지 못하다는 반증이라고 볼 수 있다. 오늘의 사회가 병약하고 불행하다는 묵시적 반응이라는 말이다. 그 이유에 대해 아마추어든 전문가이든 나름대로 진단하고 처방전을 내놓지만 생각하고 바라는 만큼 호전의 기미가 보이질 않는데 답답함이 있다.

왜 그럴까? 오진을 했기 때문이다. 오진을 했기에 바른 처방이 나올 수 없는 것이다. 잘못된 처방이기에 치료를 기대할 수 없는 것은 당연한 일이다. 그러면 그 이유는 무엇인가? 오늘의 사회를 병약하고 불행하게 만

당신은 그리스도의 제자 맞습니까?

드는 그 근인(根因)이 무엇인가? 그것은 바로 사회 구성의 기본 단위인 가정이 병약하고 불행하기 때문이다. 그러면 가정이 병약하고 불행한 원인은 또 무엇인가? 그 원인은 가정 구성원들이 자기 자리를 지키지 못하기 때문이다. 행복은 자리지킴에 있다. 자기 자리를 지키는 그곳에 행복이 깃든다. 부모는 부모로서 지켜야 할 자리가 있다. 자녀는 자녀로서의 지켜야 할 자리가 있다. 부부는 부부로서의 지켜야 할 자리가 있고, 형제는 형제로서의 지켜야 할 자리가 있다. 그러나 오늘의 가정들은 지켜야 할 자리를 지키지 못하고 있다. 서로가 서로에게 권리만 주장하고 서로에 대한 의무는 감당하지 않으려 한다. 서로가 서로에게 자유만 내세우고 서로에 대한 책임은 지지 않으려 한다. 상대방에 대한 배려는 없고 서로에 대해 탓만 한다.

이 같은 모습은 범죄함으로 하나님의 형상을 잃어버린 에덴동산의 아담과 하와의 가정 모습 그대로다. 하와를 보고 내 뼈 중의 뼈요, 살 중의 살이라고 감탄하며 사랑 고백을 하던 아담이 돌변해서 가정 불행의 탓을 하와에게 떠넘기는 비열함을 나타냈다. 그리고 가인은 동생 아벨을 시기하고 질투한 나머지 끝내는 동생 아벨을 죽이고 암매장하고도 모르쇠로 오리발을 내미는 후안무치함을 보였다. 그리고 보면 가정의 병약함과 불행의 근본 원인이 아담과 하와의 범죄로 하나님의 형상을 잃게 되고 그로 말미암아 하나님과의 관계가 단절됨에 있음을 알 수 있다. 그리고 하나님과의 관계 단절은 사람이 반드시 지켜야 할 하나님을 경외하는 자리를 지키지 못한 데 있음도 알 수 있다.

이제는 건강하고 행복한 가정을 회복할 수 있는 처방을 할 수 있을 것 같다. 그 처방이 무엇인가? 잃어버린 하나님의 형상을 회복해서 하나님과의 관계를 복원하는 것이다. 그러면 어떻게 잃어버린 하나님의 형상을 회복해서 단절된 하나님과의 관계를 복원할 수 있는가? 그 길은 오직 하나밖에 없다. 바로 하나님의 형상이신 예수님을 구주로 믿고 영접하는 것이다. 그리하면 잃어버린 하나님의 형상을 회복하게 되고, 하나님의 자녀가 되는 권세를 얻어서 하나님과의 관계가 복원되어 범죄 이전의 에덴의 행복을 누리며 살아가게 된다. 중요한 것은, 하나님의 형상이신 예수 그리스도를 믿음으로 말미암아 탐욕의 지배를 받던 거짓된 내가 변하여 하나님의 사랑의 지배를 받는 '참나'로서의 그리스도인이 된 성도는 다시는 마귀의 거짓말에 속지 말고 성도로서 지켜야 할 자리를 지속적으로 굳게 지켜가야 한다는 것이다. 하나님께 경배하는 성도의 자리, 부모에게 효도하는 자녀의 자리, 자녀 앞에 건강하고 행복한 그리스도인의 모습을 보여주는 모델로서의 부모의 자리, 남편을 주님 섬기듯 하는 아내의 자리, 아내를 사랑하되 주님께서 교회를 위해서 목숨까지 내놓으신 사랑으로 사랑하는 남편의 자리, 형제간에 우애하는 자리 등을 지켜야 한다.

행복은 자리지킴에 있다. 자리지킴은 먼저 하나님의 형상이신 예수님을 구주로 믿음으로 잃어버렸던 하나님의 형상을 회복한 '참나'로서의 성도가 되어야 가능하다. 그러므로 건강하고 행복한 가정과 사회를 이루려면 그 어떠한 운동보다도 가정 복음화 운동이 앞서야 한다. 가정의 달에 이 땅의 모든 가정마다 가정 복음화의 은혜가 넘치기를 기원한다.

포도원을 허는
구미호(九尾狐)

우리를 위하여 여우 곧 포도원을 허는 작은 여우를 잡으라
우리의 포도원에 꽃이 피었음이라(아 2:15)

●●●● 전설의 고향에 나오는 허황된 이야기가 아니다. 과학 문명이 최고도로 발달하고 정신 문화가 최상으로 발전된 이 시대의 이야기다. 그것도 하나님을 모르는 세상 사람들의 이야기가 아니라 하나님을 섬기는 사람들의 모임인 교회 안에 있는 이야기다. 구미호가 무엇인가? 여우다. 그것도 사람을 홀리는 꼬리가 아홉 개나 달린 오래 묵은 여우다. 아가서를 통해서 하나님은 말씀하신다. "포도원을 허는 작은 여우를 잡으라."(아 2:15) 포도원은 교회가 아니던가? 곧 포도원을 허는 여우가 있듯이 교회를 파괴하는 여우가 있다는 것이고 그 여우를 잡아야 한다고 말씀하고 계신 것이다.

오늘 포도원과 같은 교회를 허는 여우같은 자들이 누구인가? 정치 세력화된 안티 크리스천들이다(눅 13:31-32). 신천지와 같은 이단의 무리들이다(벧후 2:1). 이단보다 더 괴이하고 무서운 순수 복음을 잠식하고 있는 종

교다원주의 같은 인본주의 사상들이다. 그리고 율법주의 신앙과 기복주의 신앙들이다. 이러한 여우들이 교회를 헐지 못하도록 철저하게 경계하고 지켜야 한다. 그런데 문제는 이러한 작은 여우들이 아니다. 바로 사람을 홀리는 비술이 능통한 구미호(九尾狐)가 문제다. 꼬리가 아홉 개나 되는 오래 묵은 여우들이다.

그 구미호가 누구인가? 일찍이 이사야, 미가, 예레미야, 에스겔 선지자를 통해서 지적하신 거짓 선지자들이다(사 56:10-12, 겔 13:4, 렘 6:13-15, 미 3:5-12). 예수님께서는 이러한 거짓 선지자들을 삼가라고 말씀하시면서, 거짓 선지자들은 그들의 생활을 보면 알 수 있다고 하셨다(마 7:15-23). 거짓 선지자들에게서 나타나는 특징은 무엇인가? 언제나 명분은 하나님의 영광을 위해서라고 말한다. 교회를 지키고 진리를 수호하기 위해서라고 말한다. 이 일을 위해서 어떠한 고난도 달게 받을 것이고, 외롭고 힘든 길이지만 십자가를 지고 가겠노라고 말한다. 그러나 말은 그렇게 하지만 내심으로는 권세욕, 명예욕, 물욕, 향락욕으로 가득 차 있다. 평상시의 말과는 달리 이해득실이 걸려 있는 민감한 상황 앞에서는 표변한다. 결정적인 순간에 본색을 드러낸다. 양이 아닌 이리의 모습이다. 목자가 아닌 강도의 모습이다. 하나님이 우선이 아니라 자신이 우선이다. 하나님의 존귀와 영광을 앞세우는 것이 아니라 자신의 명예와 이익을 앞세운다. 욕설과 폭력, 비방과 모함, 증오와 저주, 고소와 고발로 하나님의 포도원인 교회를 난장판으로 만든다. 그렇게 하고도 부끄러운 줄 모른다. 여전히 자기만이 옳다고 주장한다. 정의의 기사라고 착각하며 우쭐댄다.

왜 이 같은 후안무치의 구미호들이 활개를 치는 것일까? 성경의 증언은 총체적으로 교회가 황폐해졌기 때문이라고 했다(아 5:8). 이미 포도원은 구미호를 좋아하는 무리들로 가득 차 있기 때문이라는 것이다. 불의를 불의로 생각하지 않고 오히려 그것을 즐기는 무리들로 가득하다는 뜻이다. 바알 문화, 맘몬 문화, 에로스 문화, 박카스 문화의 바이러스에 온통 감염되어 있다는 뜻이다. 궁합이 잘 맞는다고 할까? 부창부수라고 할까? 그 머리에 그 몸이고, 그 몸에 그 머리다. 극상품의 포도를 심었는데 들포도로 변해버린 것이다. 그러면 오늘의 교회는 진정 절망적이란 말인가? 전혀 소망이 없다는 말인가? 아니다. 소망이 있다. 온갖 죄악으로 칠흑같이 어두워진 세상을 힘들어하는 절망적인 엘리야의 탄식에 하나님께서 말씀하셨다. 바알에게 무릎 꿇지 아니한 의로운 칠천 명의 하나님의 사람을 예비해 두셨다고 했다(왕상 19:13-18). 이제 그들이 머리를 들 때가 된 것 같다.

"주여! 이제 그들을 일으켜 세우소서. 그리하여 포도원을 허는 작은 여우뿐 아니라 구미호를 잡게 하소서. 평화롭고 풍요로운 포도원이 되게 하소서."

로뎀나무 아래에서 잠자는 이들이여!
이제 일어나라.
성육의 신앙을 가지고 각기 처한 삶의 현장에서
빛으로 소금으로 누룩으로 존재하라.
그래서 어두운 세상을 밝은 세상으로 변화시키고,
살 맛 없는 세상을 살 맛 나는 세상으로 변화시켜라.

2

빛으로,

소금으로,

누룩으로

막장 인생과
막가파 인생

●●●● '막장'의 사전적 의미는 광산이나 탄광 갱도의 막다른 정면을 말하고, '막장일'이란 막장에서 남포 구멍을 뚫어 폭파시키는 일을 말하며, '막장꾼'하면 그러한 막장일을 하는 사람을 말한다. '막가다', '막되다'의 사전적 의미는 언행이 난폭하고 무법한 것을 말한다. 그리고 '막가파'는 규범을 무시하고 막되게 행동하며 막가는 무리를 말한다. 오늘날 민중의 지탄을 받고 있는 수준 미달의 저질 국회를 막장 국회라고 표현한다. 아비규환의 난장판을 벌이고 있기 때문이다. 그리고 불륜과 폭력 일변도의 TV 드라마를 가리켜 막장 드라마라고 한다. 역시 수준 미달의 저질 드라마기 때문이다.

그런데 대한석탄공사 사장이 '막장'이라는 용어를 부정적인 의미로 가볍게 사용하지 말아 달라는 호소문을 언론사에 보냈다고 한다. 이유는 막장의 개념이 저질 국회나 드라마에 사용되는 부정적인 의미가 아니기 때문이다. 막장은 인간의 존엄성을 가늠하는 가장 숭고한 삶의 공간이기 때문이다. 막장은 지하 수백 내지는 수천 미터까지 파고 내려간, 섭씨 삼사십 도를 웃도는 좁은 공간이다. 언제 무너져 내릴지 알 수 없는 생사의 절박한 순간순간에 석탄가루와 돌가루를 마셔가며 땀에 젖은 팬티를 하루에도 몇 차례 갈아입고 장화 속에 흘러내린 땀을 수없이 쏟아내면서 남포 구멍을 뚫는 일은 자신과 가족의 생계 보존을 위한 숭고한 작업이요, 장엄한 삶의 모습이 아닐 수 없다. '막장'이란 용어는 결코 사리사욕과 당리당략에만 매여 이전투구(泥田鬪狗)의 개판을 벌이는 국회에 적용할 접두사가 아니다. 막장 드라마 역시 마찬가지다. 언행이 난폭하고 무법한 저질 행각을 보이는 국회나 드라마는 막장 국회, 막장 드라마가 아니라 막가는 막가파 국회, 막가는 막가파 드라마라고 해야 옳은 표현일 것이다.

이제 교계 현실을 보자. 숭고한 막장 인생의 모습을 보여야 할 지도급 어르신네들과 그를 추종하는 무리들이 오히려 막가파 인생의 추한 모습만을 보이고 있다. 더구나 그 자체를 인식하지 못하고 있기에 더욱 안타깝고 답답한 일이 아닐 수 없다. 부정과 불의의 사건 중심에 있던 인물들이 시간이 지남에 따라 어물쩍 넘어가더니, 투명하게 문제를 해결하지 않은 채 아무 일도 없었던 듯이 나 보란 듯 활개치면서 크고 작은 모임에 반죽 좋게 얼굴을 내민다. 개혁 교회의 지도자군이 이러하니 어떻게 교회 개혁을 기대하고 나아가 사회와 역사의 개혁을 기대할 수 있겠는가? 교회 밖의 사람들이 교회 안의 사람들에게 비판의 화살을 쏘아 대는 것을 단순하게 생각해서는 안 된다. 논리적인 시비 이전에 영적인 본능적 생존을 위한 절규임을 알아야 한다. 곧 교회 밖 사람들이 교회를 향하여 절규하는 영적인 본능적 생존을 위한 절규는 이러하다. "생명의 규범 안에서 살아가는 이들이여, 당신들은 우리 삶의 구심점이다. 우리가 생명의 규범을 멀리 벗어나 있다 할지라도 더 이상 멀리 가지 못하고 이만큼의 자리를 지키고 있는 것은(실낱같은 양심의 줄을 붙잡고 있는 것은) 규범 안에서 생명의 빛을 비추고 있는 당신들 때문인데 당신들마저 생명의 규범에서 벗어난다고 하면 구심점을 잃은 우리는 어떻게 하란 말인가! 우리는 영원한 절망의 나락(무저갱)으로 떨어질 수밖에 없지 않느냐! 그러므로 당신들만은 어떠한 일이 있어도 그 자리를 지켜주기 바란다. 언젠가는 우리들도 당신들의 생명의 규범 안에 들어가게 될 것이다."

귀 있는 자는 교회 밖 사람들을 통해 들려주시는 주님의 음성을 들어야 한다. 주님께서 말씀하신 "그러나 끝까지 견디는 자는 구원을 얻으리라."(마 24:13)는 말씀은, 바로 어떠한 상황에 처한다 해도 생명의 규범을 이탈하지 말고 끝까지 생명의 규범, 곧 신앙의 원칙을 지키라는 뜻이 아니던가? 영적 전쟁에는 예행 연습이 없다. 언제나 실전 상황이다. 그러므로 그리스도인들은 일반 성도이든 지도자이든 영적 전투의 막장에서 끊임없이 치열한 전투를 하면서 살아가는 것이다. 결단코 막가파 인생을 살아갈 수 없다. 숭고하고 장엄한 막장 인생을 살아갈 수밖에 없다.

6 · 25 전쟁 시 야전군 사령관이었던 백선엽 장군의 일화 가운데, 지도자의 모범적인 모습을 볼 수 있는 이야기가 있다. 전세가 불리한 상황에서 병사들이 전선을 이탈하고 있다는 보고를 들은 백 사령관은 그들 앞을 가로막고 서서 이렇게 말했다고 한다. "나라가 망하기 직전이다. 내가 앞장설 테니 나를 따르라. 내가 후퇴하면 나를 쏴도 좋다." 막장 인생의 전형이다. 사단 앞에 백기를 들고 나아가면서 나를 따르라고 하는 우리의 지도자님들에게서는 언제쯤 이 같은 멋진 고백을 들을 수 있을까? 그래서 존경과 사랑의 박수를 보내며 목숨 걸고 그 뒤를 따르게 될까?

어떠한가? 당신의 삶은 막장 인생인가, 아니면 막가파 인생인가?

교회 안의
사이코패스

너희가 땅에서 사치하고 방종하여
살륙의 날에 너희 마음을 살찌게 하였도다(약 5:5)

●●●● 연쇄 살인범 강호순의 일이 연일 매스컴에 최우선 보도거리로 오르내리고 있다. 그리고 한편 강호순을 두둔하는 인터넷 카페가 개설되고 유사 카페들이 속속 생겨나고 있다고 한다. 신경정신과 전문의들은 강호순 같은 류의 사람을 사이코패스(psychopath)라고 한다. 반사회적 인격 장애자를 말한다. 범죄 시에도 냉혹, 침착할 뿐 아니라 범죄 후에도 전혀 양심의 가책을 느끼지 않고 평상시와 다름없는 인간관계와 활동을 하기 때문에 주변인들은 전혀 범죄자의 분위기를 느낄 수 없다는 것이다. 가히 세기말의 증후라고 말할 수 있다. 성경은 이 같은 종말의 현상을 이렇게 기록하고 있다.

"너는 이것을 알라. 말세에 고통하는 때가 이르러 사람들이 자기를 사랑하며 돈을 사랑하며 자랑하며 교만하며 비방하며 부모를 거역하며 감사하지 아니하며 거룩하지 아니하며 무정하며 원통함을 풀지 아니하며 모함하며 절제하지 못하며 사나우며 선한 것을 좋아하지 아니하며 배신하며 조급하며 자만하며 쾌락을 사랑하기를 하나님 사랑하는 것보다 더하며 경건의 모양은 있으나 경건의 능력은 부인하니 이같은 자들에게서 네가 돌아서라."(딤후 3:1-5)

어느 시대에나 마찬가지지만, 특별히 종말 시대의 질병 중에 가장 무서운 질병이 무엇인지 아는가? 암도 아니고 심장병도 치매도 아니다. 아직까지 치료 방법을 찾지 못하고 있는 희귀의 난치병도 아니다. 가장 무서운 질병은 심령 불감증이다. 은혜를 은혜로 느끼지 못하고 죄를 죄로 느끼지 못하는 마음이 살찌는 병(약 5:5)이요, 양심에 화인 맞은 병(딤전 4:2)이다. 보편적 빈곤을 빈곤으로 느끼지 못하고 살아가듯, 죄악이 보편화된 세상이기에 죄를 범해도 죄라고 느끼지를 못하는 병이다.

예수님께서 재림하시기 직전의 사회 현상이 노아의 때와 같고 소돔과 고모라 때와 같다고 했다(눅 17:26-30). 노아의 때와 소돔과 고모라 때의 사회 현상이 어떠했는가? 신령한 생활에 대해서는 전혀 관심이 없었다. 신령한 세계의 일을 농담으로 여겼다(창 19:14). 폭력과 살인 등 인명 천시 현상과 배금주의 현상, 그리고 동물적 향락이 보편화된 시대였다. 그래서 죄악 된 삶을 살면서도 그것이 죄악이라고 느끼지를 않았다. 오늘 우리가 살고 있는 시대가 바로 그러한 시대다. 그러나 하나님을 마음에 두기 싫어하는(롬 1:28-32) 교회 밖의 사람들이 노아의 때 사람들이나 소돔과 고모라 시대의 사람들처럼 살아가는 것은 자연스러운 현상이라고 하겠으나, 예수 그리스도를 구주로 믿고 그 마음 중심에 왕과 주인으로 모시고 산다는 교회 안의 그리스도인들에게서 노아 시대와 소돔과 고모라 시대 사람들의 세기말적 사이코패스 증후가 엿보인다는 것은 있을 수 없는 일이요, 있어서는 아니 될 일이다. 그런데 이 같은 사이코패스 징후가 지도자연 하는 사람들에게서 더욱 심하게 나타나는 데에 문제의 심각성이 있다. 패거리 정치, 돈 정치, 향응 정치로 감투를 쓰려는 사람들, 시정잡배만도 못한 막말을 내뱉는 사람들, 이름과 얼굴을 내비치기에 환장한 사람들, 교회에 엄청난 상처를 입히고 천국 길을 가로막고 수많은 영혼들을 지옥의 나락으로 밀쳐 내면서도 아무런 양심의 가책이나 수치심을 느끼지 못하는 사람들이 명분은 그럴듯하게 내세워 언필칭 하나님의 영광과 진리를 수호하기 위해서라고 하고 있으니, 이런 무리야말로 사이코패스가 아니고 무엇이겠는가? 그런데 문제는 사이코패스 환자들은 자신이 사이코패스 환자란 사실을 모른다는 것이다. 그리고 더 큰 문제는 이 같은 사이코패스 환자들이 교회라고 하는 배의 '키'를 잡고 선장 노릇을 하고 있다는 것이다.

오비삼척(吾鼻三尺)이란 말이 있다. 내 코가 석자란 말이다. 내 일 해결하기도 급한데 남의 일에 간섭할 여지가 없다는 뜻이다. 오늘의 교회가 바로 오비삼척의 꼴을 하고 있다. 그럼에도 그 심각성을 인식하지 못하고 교회 밖을 향하여 훈수한답시고 있으니 교회 밖 사람들로부터 조롱과 함께 뭇매를 맞고 있는 것이다. 그러므로 먼저 교회 안의 사이코패스 환자부터 치료해야 한다. 치료 방법은 오직 하나밖에 없다. 말씀과 성령의 조명 앞에 자신의 진면목을 발견하고 겸손하게 회개하는 것이다. 이 시대를 아파하는 성도들이여! 우리 모두 이렇게 기도하자.

"주여! 주님께서 피로 값 주고 사신 교회, 주님의 백성을 위하여 긍휼의 은총을 베푸소서. 볼 수 있는 눈과 들을 수 있는 귀, 깨닫고 돌이킬 수 있는 맑은 영성을 허락하여 주소서. 주님의 존귀하신 이름과 영광을 위하여 자비를 베풀어 주소서."

예수 없는 **성탄절**이 되지 않기를

심령이 가난한 자는 복이 있나니
천국이 그들의 것임이요(마 5:3)

●●● 지금 우리는 하나님의 형상이신 예수 그리스도께서 이 세상에 오심을 기리는 대강절을 지내며 성탄절을 바로 눈앞에 두고 있다. 국내외 경제 불황으로 지구촌 전체가 가라앉은 분위기지만, 그래도 교회마다 성탄 준비로 바쁘게 움직이고 있다. 진정 천군천사가 찬양한대로 지극히 높은 곳에서는 하나님께 영광이요, 땅에서는 하나님이 기뻐하신 사람들 중에 평화가 이루어지는 성탄절이기를 바라는 마음 간절하다.

그러나 단순히 2000년 전에 탄생하신 아기 예수를 기리는 절기가 아니라 이제는 다시 오실 예수님을 대망하면서 재림 예수를 맞이할 준비를 하는 절기임을 그리스도인이라면 다 알고 있다. 작금의 사악하고 혼란하기만 한 사회 실태와 부패와 타락의 극치를 보이고 있는 영계의 실상, 그리고 자연계에서 일어나고 있는 이변 현상이나 국제 정치의 흐름, 군사적인 동향을 보노라면 예수님께서 친히 말씀하신 재림의 징조들이 분명하다. 이는 성도라면 누구나 몽매에도 그리던 사랑하는 주님의 오심이 가까이 다가왔다는 신호이기에 벅찬 기쁨으로 가슴 설레어야 할 것이나 전혀 그렇지 못한 현실이 답답하고 안타깝기만 하다. 지도자든, 지도를 받는 사람이든 그리스도인이라는 이름을 가지고 있으면서 벌이는 행태를 보면 정말 하나님의 형상이신 예수님을 구주로 믿고 하나님의 형상을 회복한 그리스도인인지 의심스럽기 때문이다. 그리스도 예수의 사람은 육체와 함께 정과 욕심을 십자가에 못 박은 자라고 성경은 분명하게 말씀하고 있는데, 여전히 육체에 매이고 정과 욕심의 노예로 각양의 추태를 보이고 있으니 말이다.

이때가 되면 어김없이 구세군의 자선냄비가 등장하고 서울광장에는 대형 크리스마스트리가 세워진다. 그리고 웬만한 건물에는 성탄 축하 데커레이션이 장식되고 거리마다 캐럴송이 흥겹게 넘쳐흐른다. 또 교회들은 다양한 프로그램을 마련하며 열심히 성탄절을 준비하고 있다. 일반인은 온 인류의 구주로 오신 예수님을 존경하는 마음에서, 그리고 그리스도인은 사랑하는 주님을 맞이하기 위해서다. 어디를 가나 성탄 환영, 성탄 축하 일색이다. 그렇게 보인다. 그런데 생각 있는 그리스도인들은 이때 우울증 환자가 아님에도 우울증 환자보다 더 깊은 우울 증상에 힘들어한다. 왜일까? 2000년 전에도 북적대는 인파로 인해 사관에 머물 곳이 없어 짐승의 우리에서 태어나시고 짐승의 먹이통인 구유에 누이셨던 예수님은 오늘도 성탄을 기리는 축제 분위기가 뜨겁지만 막상 성탄의 주인공인 예수님은 머물 곳이 없어서 방황하고 계실 것 같다는 생각에서다. 예수 없는 성탄절이 되지 않기를 기도할 뿐이다.

초림 예수님은 죄인을 불러 구원하시기 위해서 오셨지만, 재림 예수님은 죄인과는 상관없이 의인을 데리러 오신다고 했다. 곧 예수 믿어 죄사

함 받고 주님의 신부 된 교회를 데리러 오신다고 했다. 아름답게 단장된 신부를 데리러 오신다고 했다. 그런데 주님의 신부 된 오늘의 교회 모습은 어떠한가? 호색한들과 놀아난 음녀처럼 세속 문화에 더럽혀졌고 인본주의 사상에 만신창이가 되었다. 그러나 더 큰 문제는 이 같은 혐오스러운 자신의 몰골을 알지 못하고 오히려 자신이 요조숙녀인 양 착각하고 있다는 것이다. 소경이 되었음에도 소경이 아니라고 고집하는 데 문제의 심각성이 있는 것이다. 우리 모두 미가 선지자를 통해 들려주시는 주님의 음성을 들으면서 제대로 된 강림절과 성탄절을 준비하고 지켜야 할 것이다. 예수 없는 성탄절이 되지 않게 해야 할 것이다.

"내가 또 이르노니 야곱의 우두머리들과 이스라엘 족속의 통치자들 들으라 정의를 아는 것이 너희의 본분이 아니냐. 너희가 선을 미워하고 악을 기뻐하여 내 백성의 가죽을 벗기고 그 뼈에서 살을 뜯어 그들의 살을 먹으며 그 가죽을 벗기며 그 뼈를 꺾어 다지기를 냄비와 솥 가운데에 담을 고기처럼 하는도다."(미 3:1-3)

"그들의 우두머리들은 뇌물을 위하여 재판하며 그들의 제사장은 삯을 위하여 교훈하며 그들의 선지자는 돈을 위하여 점을 치면서도 여호와를 의뢰하여 이르기를 여호와께서 우리 중에 계시지 아니하냐. 재앙이 우리에게 임하지 아니하리라 하는도다. 이러므로 너희로 말미암아 시온은 갈아엎은 밭이 되고 예루살렘은 무더기가 되고 성전의 산은 수풀의 높은 곳이 되리라."(미 3:11-12)

귀 있는 자는 성령이 교회들에게 하시는 말씀을 들을지어다.

복음화는
교회부터다

<blockquote>
하나님의 집에서 심판을 시작할 때가 되었나니
만일 우리에게 먼저 하면
하나님의 복음을 순종하지 아니하는 자들의
그 마지막은 어떠하며(벧전 4:17)
</blockquote>

●●● 목회 초기에 있었던 일이다. 어느 교회 성장 세미나에 참석했다가 주강사 되는 분의 충격적인 연구 조사 결과 보고를 듣고 무척이나 놀랐던 기억이 난다. 그 충격적인 보고의 내용은 한국 교회의 영적 실태에 대한 조사 결과였다. 한국 교회가 세계 선교 역사상 그 유례를 찾아볼 수 없는 단기간 내의 괄목할 성장을 이루었으나 그렇게 기뻐할 수만은 없는 이유가, 한국 교회가 자랑하는 큰 교세 곧 천이백만 명의 성도 중에 중생의 확신을 가지고 있는 성도가 10%도 안 되는 8% 정도라는 것이었다. 그래서 예수님께서 부활 승천하시기 전 이 세상에서의 마지막 말씀인 "오직 성령이 너희에게 임하시면 너희가 권능을 받고 예루살렘과 온 유대와 사마리아와 땅 끝까지 이르러 내 증인이 되리라." 하신 말씀 가운데 먼저 복음을 증거해야 할 예루살렘은 지리적 예루살렘이 아니라 오늘의 한국 교회라고 지적하면서, 교회 안의 불신자에게 복음을 증거해서 중

생케 해야 하는 일이 무엇보다 시급한 과제라고 하는 말을 들었을 때 정말 심각해지지 않을 수 없었다. 그런데 며칠 전 평신도 단기 성경학교에서 만난 성도들에게 모두 눈을 감게 하고 구원의 확신을 가지고 있는 사람은 오른손을 들어 표하라고 했더니 75명 중에 25명만이 손을 들었다. 꼭 삼분의 일이었다. 수년 전 세미나 강사가 보고했던 수치에 비하면 조금 높은 수치였지만, 우려했던 상황이 사실로 확인되는 순간 두려운 마음을 금할 수가 없었다. 영적인 지도자의 한 사람으로서 '소경이 소경을 인도하는 꼴은 아닌가?'라는 생각과 지금 주님 앞에 서게 된다면 유구무언일 수밖에 없는 오늘의 교회의 영적인 실상 때문이었다.

오늘의 교회 실상은 어떠한가? 안티 크리스천들과 타종교인들로부터 융단폭격을 받아 만신창이가 되어 있으면서도 신음소리조차 내지 못하고 있다. 마치 식물인간 같은 모습이다. 이 같은 현상에 대해 어디를 향해, 또 누구를 보고 수원수구(誰怨誰咎)하랴! 누구의 탓이 아닌 바로 영적 지도자들의 탓인 것을…. 얼마나 눈물겨운 희극인가? 또 얼마나 배꼽 잡을 비극인가? 그동안 뿌리 없는 마른 나무 말뚝에다 물을 퍼부으면서 싹이 나고 자라서 꽃이 피고 열매 맺을 것을 기대하고 있었으니 말이다. 생명이 없는 마른 나무 말뚝, 중생하지 못한 명목상의 그리스도인들에게 그들의 삶의 현장에서 사회 변화를 일으킬 것을 기대하고 시대적인 사명을 감당하도록 요구하였으니 얼마나 웃기는 비극이요, 눈물 나는 희극인가? 더욱이 이러한 실상에는 아랑곳없이 곳곳에서 '특별 축복 대성회'라는 이름으로 호객 행위를 하는 영계의 거성들이라고 하는 큰(?)분들의 행태를 보면 할 말을 잃는다.

생명이 없는 것은 부식하도록 되어 있다. 하나님의 사람들이여, 교회 안에 십분의 구, 삼분의 이의 생명 없는 무리들이 풍기는 썩은 생각, 썩은 말, 썩은 행동의 악취 때문에 썩은 세상을 소생케 하기는커녕 사탄이 살 포한 악의 세균들로 인해 중증의 식물인간화되어 있는 교회부터 소생케 해야 하지 않겠는가? 지금은 날로 심화되어 가고 있는 사악한 세상을 품에 안고 고민할 때가 아니던가? 날로 무기력해져 가고 있는 중증의 식물 인간 같은 교회를 품고 괴로워할 때가 아니던가?

기억하시라. 고민하고 괴로워하는 만큼 무릎을 꿇게 된다. 하나님께만 소망이 있기 때문이다. 그러므로 축복 타령은 무속인들이나 하게 하고, 이제 천국 시민권자다운 품위와 기상을 무릎으로 회복해서 칠흑 같은 흑암의 세계에서 방황하는 세인(世人)들을 위해 진리의 횃불을 높이 밝혀 들고 복음의 나팔을 힘껏 불자. 그리하여 누구도 감히 항거할 수 없는 그리스도 예수의 권세로 참다운 평화의 세계를 이룩하자. 그리하려면 고약하게 썩은 냄새를 풍기는 명목상의 그리스도인들로 가득한 교회부터 복음화가 이루어져야 한다. 교회부터 거룩한 영성을 회복해야 한다. 복음화는 교회부터임을 명심하자.

우리 모두
그리스도인의
기본으로 돌아가자

그의 안에 산다고 하는 자는
그가 행하시는 대로 자기도 행할지니라(요일 2:6)

●●● 오늘의 한국 교회가 역사적이고 시대적인 사명을 감당하지 못하고 오히려 사회의 짐이 되어 사회로부터 지탄을 받는 원인은, 그리스도인으로서의 기본이 되어 있지 않기 때문이다. 견고한 건물을 짓고자 할수록 기초를 든든히 한다. 모든 운동선수들도 지루하고 짜증날 정도로 오랜 시간 기본기를 익힌다. 우승을 위한 강한 선수가 되기 위해서다. 학문하는 사람도 전공으로 깊이 들어가기 전에 폭넓게 인접 학문으로 기초를 다진다. 그리스도인이 누구인가? 복음의 전사요, 사탄의 억압 아래서 고통을 당하다가 끝내는 지옥 불못에 던져질 뭇인생들을 복음으로 자유케 하는 해방군이다. 사탄의 왕국을 전복시키고 그리스도의 왕국을 세우는 그리스도 예수의 혁명군이다. 세상 나라의 군대도 백전백승의 강한 군대를 만들기 위해서 총검술을 비롯한 기본적인 전투 훈련을 고강도로 시킨다. 그런데 안타깝게도 최강의 군사, 최강의 군대가 되어야 할 성

도와 교회가 전혀 기본 훈련이 되어 있지 않다. 그리스도인의 싸움은 혈과 육에 대한 싸움이 아니라 공중 권세를 잡은 악령과의 싸움인데도 말이다. 갓 전도받은 초신자는 차치하고라도 집사, 권사, 장로, 전도사, 목사에 이르기까지 그리스도인으로서의 기본이 되어 있지 않다는 것을 가늠케 하는 작금의 한국 교회의 실상을 보면 안타까움과 서글픔과 분노를 넘어 두려운 마음을 금할 길이 없다. 상식 이하의 불미스러운 일로 하나님의 영광은 가리워지고 전도의 문은 막히고 교회마다 큰 상처를 입고 있기 때문이다. 이제라도 그리스도인으로서의 기본을 익혀야 하겠다. 자기 혁신이 이루어져야 사회 개혁을 할 수 있지 않겠는가?

그리스도인의 기본이 무엇인가? 믿음이다. 어떠한 믿음인가? 예수 그리스도를 믿는 믿음이다. 무슨 말인가? 그리스도인이라고 하면 누구나 다 예수 그리스도를 구주로 믿는데 굳이 문제삼을 것이 없지 않은가? 그런데 그게 그렇지가 않다. 대체로 예수 믿음에 대한 인식이 성숙하지를 못한 데에 문제가 있다. 대부분의 그리스도인들이 예수 믿음을 '예수 믿고 천국 가는 것', '예수 믿고 건강하게 되고 부자 되어 풍요롭게 잘 사는 것'이라는 수준에 머물러 있다. 무속인의 기복 신앙 수준을 뛰어넘지를 못하고 있다. 때문에 그리스도인과 교회가 사회와 역사의 책임을 감당하지 못하고 있는 것이다.

예수 믿음이란, 이 세상에서 풍요를 누리다가 죽어서 천국에 들어간다는 단순 개념이 아니다. 예수 믿음이란 더욱 깊은 뜻을 담고 있다. 예수 믿음이란 예수님과 연합하여 예수님의 삶을 살아가는 것이다. 예수 믿음이란 나의 주권과 소유권을 포기하고 전적으로 주님께 넘겨드리는 것이다. 예수 믿음이란 예수님과 함께 고난의 길, 십자가의 길을 가는 것이다. 예수 믿음이란 내 뜻을 버리고 온전히 주님의 뜻을 따르는 것이다. 예수 믿음이란 스스로 주님의 종이 되어 기쁨으로 섬기는 것이다. 이러한 믿음에 대한 기본 인식을 가진 그리스도인은 모든 일을 행함에 있어서 '말씀'이 기준이 되어, 말씀이면 움직이고 말씀이 아니면 멈추는 삶을 살아간다. 말씀을 따르는 기준을 다섯 가지로 요약하면 이렇다. 첫째, 내가 하고자 하는 이 일이 하나님께 영광이 되는가? 둘째, 교회에 덕이 되는가? 셋째, 이웃에게 유익이 되는가? 넷째, 영혼 구원에 도움이 되는가? 다섯째, 주님께서 가시는 길을 따르는 것인가? 하는 물음이다. 이 물으심에 한 가지라도 저촉이 되면 온 천하를 안겨 준다 해도 '아니오'라고 거절해야 하고, 이같은 물으심에 걸림이 없다면 죽음의 자리라도 담대하게 나아가야 한다. 그리고 무슨 일을 하든지 모든 영광은 오직 하나님께 돌리고, 모든 공로는 이웃에게 돌리고, 모든 책임은 내가 진다는 자세를 갖는다.

교단 수장이 둘이나 생겼다. 서로가 자신이 적법의 수장이라고 주장하면서 물러서지 않고 있다. 도대체 그리스도인으로서의 기본이 되어 있지를 않다. 함량 미달이라고 할 수밖에 없다. 참으로 쓸개 빠진 한심한 양반들이요, 넋 나가고 얼빠진 어르신들이다. 그렇지 않고서야 어떻게 교회를 이처럼 크게 상처를 입혀 놓고서도 '당선 축하 감사예배'라는 대문짝만한 광고를 내고 사람들을 초청을 하고 염치없는 예배 행위를 할 수가 있는가? 하나님께서는 과연 어느 수장의 예배를 받으셨을까? 이 글이 활자화될 때는 상황이 어떻게 변할지 알 수 없지만, 지금이라도 마음을 비우고 금식하며 통절하게 회개해야 한다. 그리하면 이전보다 더욱 존경과 사랑을 받게 될 것이다. 그러나 고집스럽게 사욕에 집착하면 역사에 오명을 남기게 되고 나중 주님 앞에서 크게 문책을 받게 될 것이다.

우리 모두 그리스도인의 기본으로 돌아가자. 기본은 사회법도, 교회법도 아니다. 하나님의 법인 성경의 말씀이다. 말씀 앞에 겸손하고 진실하자.

오늘의 교회,
신앙 공동체인가,
주문을 외는
주술 집단인가?

●●● 5월은 가정의 달, 청소년의 달이다. 그래서 국가적으로나 교회적으로 여러 형태의 크고 작은 행사들을 한다. 그 대표적인 행사가 어린이날 행사고 어버이날 행사다. 어린이들에게 고궁이나 놀이공원을 무료 개방을 하기도 하고, 부모를 위해서는 효도 관광과 특별 공연을 하기도 한다. 그리고 모범적인 부모나 부부, 효성스러운 자녀들에게 표창을 하기도 한다. 고마운 정과 흐뭇한 정이 어우러져, 가는 곳마다 흥겨운 분위기가 연출된다. 이 같은 분위기가 일 년 열두 달, 삼백육십오 일 지속되면 얼마나 좋을까를 생각하면서 오늘의 교회를 돌아본다. 교회는 가정이기 때문이다. 가정 같은 교회가 아니라 가정이다. 그러나 교회를 가정으로 인식하고 성도와 성도 사이를 가족으로 의식하는 성도는 그렇게 많지 않은 것 같다.

성도들의 크고 작은 모임이나 예배 시에 언제나 빼놓지 않는 순서가 있다. 그것은 주기도문으로 드리는 기도 순서와 사도신경으로 신앙 고백하는 순서다. 바람직하고 꼭 있어야 할 순서다. 그런데 문제는 진정성이다. 진실한 마음을 담은 기도요, 신앙 고백인지가 의심스럽다는 것이다. 진실은 진실의 열매를 맺고, 거짓은 거짓의 열매를 맺는다. 주님께서 말씀하신대로 가시나무에서 포도를, 또는 엉겅퀴에서 무화과를 딸 수 없는 것이다. 열매를 보고 나무를 알듯이, 생활을 보면 그 사람이 어떠한 사람인지를 알 수 있다.

무슨 말인가? 성도들의 모임에서 드리는 주기도문이 어떻게 시작하고 있는가? "하늘에 계신 우리 아버지…"라고 시작한다. 또 사도신경을 통한 신앙 고백은 어떻게 시작하고 있는가? "전능하사 천지를 만드신 하나님 아버지"라고 시작한다. 다 같이 입을 열어서 하나님을 '아버지'라고 부른다. 자녀만이 아버지라고 부를 수 있다. 곧 하나님을 아버지로 부르는 성도는 하나님의 자녀요, 따라서 성도와 성도 사이는 형제 사이고 가족 관계다.

가족의 특성이 무엇인가? 차이는 있어도 차별할 수 없는 것이 가족 사이이다. 나를 무던히도 힘들게 하고 설사 살인죄를 범한다 해도 칼로 무 자르듯 관계를 끊을 수 없는 것이 가족 사이이다. 그래서 "자식이 아니라 원수야, 원수!" 하면서도 눈물로 가슴에 품어 주는 것이 가족 사이이다. 허물이 있어도 탓하기보다 감싸 주는 것이 가족 사이이다. 서로에게 깊은 관심을 가지고 서로 책임을 지는 것이 가족 사이이다. 애경사에 사심 없이 울고 웃는 것이 가족 사이이다. 네 것, 내 것 계산하지 않고 나누고 베푸는 것이 가족 사이이다. 오매불망 마음에 담아 두고 그리워하는 것이 가족 사이이다. 실수나 허물이 있어도 부끄러움을 주지 않는 것이 가족 사이이다. 서로의 사정을 깊이 헤아려 먼저 배려하는 것이 가족 사이이다. 가족 사이에 시기 질투, 미움, 다툼, 고성이란 있을 수 없다. 서로 관용하고 화목하는 것이 가족 사이이다. 서로 칭찬하고 자랑해 주는 것이 가족 사이이다. 수군거리고 비판하는 일이란 있을 수 없는 것이 가족 사이이다. 있는 모습 그대로를 보여 주어도 허물이 되지 않는 것이 가족 사이이다.

그런데 오늘의 교회 실상은 어떠한가? 분열과 분쟁으로 찢기고 상처 난 오늘의 교회, 신앙 고백에 따른 생활의 열매를 찾을 수 없는 오늘의 교회는 신앙 공동체인지, 주문을 외는 주술 집단인지 의구심이 들 정도다. 입으로는 하나님을 아버지라고 고백하면서도 실제로는 여전히 남남 사이요, 낯선 사이로 지낸다. 그래서 성도라는 이름으로 모여도 가정의 분위기를 찾을 수 없고 나그네들이 잠시 머물다 가는 여인숙, 모텔 같은 분위기다. 그리고 교회는 편의점, 마트, 백화점 같아서 자기 욕구 충족을 위한 상품으로써의 은혜와 축복을 맛볼 수만 있으면 싼 값(?)으로 구입해서 만족을 누리며 그것으로 족하게 여긴다. 성도와 성도는 서로에게 전혀 관심을 갖지 않는다. 고객과 고객이 서로에게 무관심한 것처럼 말이다.

왜 이러한 현상이 일어나고 보편화되고 있는가? 그 이유는 기도와 신앙 고백에 진정성이 없기 때문이다. 습관적으로, 기계적으로 주문을 외듯 하기 때문이다. 그러므로 무엇보다 시급하게 해야 할 일은 신앙 고백과 기도의 진정성을 회복하는 것이다. 그래야 교회가 건강하고 행복한 가정이 되고, 교회가 건강하고 행복한 가정이 되어야 이 사회와 역사를 책임지고 나아갈 수 있다. 가정의 달에 오늘의 교회의 자화상이 어떠한 모습을 지니고 있는지 냉철하게 살피고 하나님께서 의도하신 교회의 본래 모습을 회복하도록 해야 할 것이다.

하나님의
입맛에 맞게
처신하라

이제 내가 사람들에게 좋게 하랴
하나님께 좋게 하랴 사람들에게 기쁨을 구하랴
내가 지금까지 사람들의 기쁨을 구하였다면
그리스도의 종이 아니니라(갈 1:10)

● ● ● 교계 신문 광고란에 '담임목사 청빙'이란 광고가 실리는 것을 종종 보게 된다. 그런데 그 광고 내용을 보면 실소를 금할 수 없고, 나아가 자괴지심(自愧之心)과 함께 교회의 앞날과 미래의 역사가 심히 우려스러움을 금할 수가 없다.

청빙 대상자의 자격 요건을 보면 정규 신학대학과 대학원을 이수해야 하고, 박사학위를 소지한 자는 우대하며, 나이는 40대 초반에서 50대 미만이어야 한다는 것이다. 그리고 제출된 서류는 일체 반환하지 않고 서류 심사 후 면접은 개별 통지한다는 것이다. 이렇게 해서 3-4명으로 후보자가 압축되면 설교를 하게 하고, 그런 연후에 최종적으로 합격 통지를 보내고 청빙한다는 것이다. 이 모든 일을 그 교회 장로들로 구성된 청빙위원회에서 진행한다는 것이다. 면접관인 당당한 장로들 앞에서 면접받는 목사의 긴장된 모습을 상상해 보라. 그러한 장면이 하나님께서 보시기에 좋은 장면이 되겠는가? 이력서를 제출하는 목사는 누구고, 그것을 심사하는 장로는 또 무엇이란 말인가? 참으로 답답하고 안타깝고 서글픈 마음을 금할 수가 없다.

근자에 어느 교회에서 담임목사의 갑작스러운 유고로 청빙위원회를 구성하고 청빙 광고를 냈더니, 무려 70여 명이나 되는 후보 목사들이 서류를 제출했다고 한다. 어찌 실소(失笑)치 않을 수 있으며 자괴지심(自愧之心)을 갖지 않을 수 있으며 교회의 앞날과 미래의 역사를 우려치 않을 수 있겠는가?

성경 사사기에 보면 미가라고 하는 사람이 떠돌이 레위인을 제사장으로 고용해서 상당한 사례비를 주고 종교 행위를 하게 하는 기사(17, 18장)가 실려 있다. 그 후 그 레위인은 미가의 집을 침입한 단 지파 사람들이 더 좋은 조건을 제시하며 자기 지파에 와서 제사장 일을 하라고 하자 매우 기뻐하면서 단 지파 사람들을 따라 나서게 된다. 사사 시대는 이스라엘 민족에 있어서 영적인 암흑기였다. 영적으로 건강하지를 못하니까 나라가 혼란하고 백성들은 곤고한 삶을 살아갈 수밖에 없었다. 실제로 하나님께서 세우신 제사장이 아니라 인위적으로 고용된 제사장은 자신을 고용한 주인의 입맛대로 사나운 운수를 막아 주고 복 만을 빌어주는 무당 역할을 할 수밖에 없는 것이다.

그런데 통탄할 일은 오늘의 교회가 이런 모습으로 흘러가고 있다는 것이다. 생각해 보라. 목사가 교회의 대주주들에 의해 고용된 고용 사장이 된다면 자연히 쓴소리 한 번 못하고 주주들의 입맛에 좋도록 복과 평안만을 말하고 빌어줄 터이니, 교회의 앞날이 어떠하고 역사의 미래가 어떠할지는 불을 보듯 명확하지 않은가. 그러나 어찌하랴. 목사들이 자초하고 있는 일인 것을 누구를 탓하랴. 예수님의 제자 된 목사는 모름지기 예수님의 사역을 전수받아 그대로 사역하고 또 다음 주자에게 전수해 주어야 하거늘, 말은 예수님의 제자요, 제자의 도를 따르노라고 하면서도 실제로는 고용 사장으로 하나님의 종이 아닌 사람의 종 노릇을 하고 있으니 어떻게 이 땅에 하나님의 뜻을 이루어 갈 수 있겠는가. 사람의 입맛만을 맞추니 어떻게 사회가 밝아지고 역사가 바르게 흘러갈 수 있겠는가.

일찍이 웨슬리는 예수님의 말씀을 받들어 복음 사역자들이 준비해야 할 것 세 가지를 말했다. 첫째는 죽을 준비요, 둘째는 복음 전할 준비요, 그리고 셋째는 떠나갈 준비라고 했다. 한 마디로 사람 눈치 보지 말고 하나님 편에서 목숨 걸고 담대하게 복음 사역을 감당하라는 뜻이다. 오호 애재(哀哉)라! 누가 있어 이 시대에 엘리야와 세례 요한의 심정을 가지고 다시 오시는 재림 예수님의 길을 예비할 것인가?

주여! 바알에게 무릎 꿇지 아니한 숨겨 두신 칠천 명의 남은 자들이 이제는 일어나 머리를 들 때가 되지 아니하였나이까?

목회자들이여! 하나님의 입맛에 맞게 처신해야 자신도 살고 교회도 건강해지고 세상도 살리게 됨을 명심하자.

신기독(愼其獨)

여호와의 말씀이니라 사람이 내게 보이지 아니하려고
누가 자신을 은밀한 곳에 숨길 수 있겠느냐
여호와가 말하노라 나는 천지에 충만하지 아니하냐(렘 23:24)

●●●● 신기독(愼其獨)! '홀로 있을 때를 삼가라'는 뜻이다. 예나 지금이나 범죄한 아담의 후손인 인생들은 만물보다 그 마음이 거짓되고 심히 부패하여(렘 17:9), 그의 마음으로 생각하는 모든 계획이 항상 악하고 그 행동이 가증하기 이를 데 없다(창 6:5). 곧 사람이 보는 곳에서는, 그것도 자기를 잘 아는 사람이 있는 곳에서는 선하고 의로운 사람인척, 믿음이 좋은 사람인척 행세하지만 사람이 없는 곳이나 또는 사람이 있으되 자기를 아는 사람이 없는 곳에서는 생각과 말과 행동이 흐트러지고 하나님과 전혀 관계가 없는 사람처럼 생활하는 것을 본다. 예수님께서 재림하시는 때에 참 믿음의 사람을 찾아보기가 힘들다고 하셨다(눅 18:8). 진정 나의 생각과 말과 앉고 서는 것을 다 아시고 살피시는 전지하신 하나님을 믿는 사람이라면(시 139:1-8, 렘 17:10), 또 내가 어느 곳에 있든지 그곳이 바로 하나님 앞이라는 하나님의 편재하심을 믿는 사람이라면, 그

리고 하나님을 만왕의 왕으로 모시고 하나님의 통치를 받는 천국 시민권
자로서의 성도임을 믿는 사람이라면, 사람 따라 장소 따라 변신하는 카멜
레온 같은 모습은 보이지 아니할 것이다. 그가 진정 하나님의 편재하심과
전지하심을 믿는 자라면 예배당 안에서의 모습이나 예배당 밖에서의 모
습이 변함이 없어야 한다.

어느 시대나 마찬가지지만, 특히 죄악의 밤이 깊어가고 있는 종말 시대
를 살아가고 있는 오늘의 성도들은 철두철미하게 코람데오(하나님 앞)의
신앙의식을 가지고 살아가야 한다. 만왕의 왕이신 하나님 앞이라는 어전
의식(御前意識)을 가지고 살아가야 한다. 코람데오의 신앙의식과 만왕의
왕이신 하나님 어전의식을 가지고 살아갈 때에 언제 어디서 누구와 관계
를 갖고 어떠한 일을 하든지 진실과 정직과 의와 성실로 살아가게 된다.
전혀 낯이 선 지역을 여행하며 어느 곳에 홀로 머물러 있다 해도 그 마음
가짐과 몸가짐과 행동 양식에는 조금도 변함이 없고 흐트러짐 없이 살아
가게 된다.

요셉이 그 모델이다. 요셉은 형들의 미움을 받고 상인에게 팔려가서 애
굽 바로의 시위대장인 보디발의 집에서 노예 생활을 하게 된다. 그런데
그 주인인 보디발의 부인은 음란한 여인이다. 홀로 청년 요셉을 흠모하
며 수시로 눈짓을 보내다가 마침 집 안에 아무도 없는 것을 확인한 보디
발 부인은 요셉에게 다가와 함께 동침하자며 노골적으로 미혹한다. 아무
도 보는 사람이 없는데 잠시 즐긴들 어떠하냐는 것이다. 그러나 코람데
오의 신앙, 하나님 어전의식을 가지고 살아가는 요셉에게는 당치도 않은
말이다. 그래서 단호하게 유혹의 손길을 물리쳤다. "마님, 이 집 안에 우
리를 보는 사람의 눈은 없지만, 하나님께서 불꽃같은 눈으로 우리를 살
피고 계신데 내가 어찌 하나님 앞에서 범죄할 수 있겠나이까? 그렇게 할

수 없나이다."(창 39:9)

성도들이여! 마지막 주님의 심판대 앞에 서기까지 신기독(愼其獨)의 자세로 살아가자. 코람데오의 신앙의식을 가지고 철두철미한 하나님 어전(御前)의식을 가지고 언제 어디서 누구와 무엇을 하든지 진실과 정직과 의와 성실로 살아가자. 그리하여 나로 말미암아 짙은 어두움의 세상이 보다 밝아지는 세상이 되게 하자.

모든 것이 **가하나** 모든 것이 **유익한 것**은 아니다

> 모든 것이 가하나 모든 것이 유익한 것이 아니요
> 모든 것이 가하나 모든 것이 덕을 세우는 것은 아니니
> 누구든지 자기의 유익을 구하지 말고
> 남의 유익을 구하라(고전 10:23-24)

●●● 모든 것이 가하나 모든 것이 유익한 것은 아니요, 모든 것이 가하나 모든 것이 덕을 세우는 것은 아니라고 했다. 난세일수록 교회는 더욱 비둘기같이 순결하고 뱀처럼 지혜롭게 대처해야 한다.

대선을 며칠 앞두고 있다. 검찰의 BBK 수사 발표 후 시비공방으로 정국은 더욱 혼란하고 살벌하기까지 하다. 어느 교회는 특정 후보를 지지하도록 공개적으로 선포하고 설득하다가 선관위의 경고를 받기도 했다. 신중하지 못하고 경솔했다. 그리스도인은 개인적으로는 얼마든지 공개적으로 정치 활동을 할 수 있다. 여당이든 야당이든 신앙 안에서 자신의 정치 철학에 따라 자유롭게 행동할 수 있다. 그러나 교회는 직접적으로 정치에 관여해서는 안 된다. 왜냐하면 교회는 이해득실을 초월한 신앙 공동체이기 때문이다. 신앙 공동체인 교회는 세상나라가 아닌 하나님 나라에 우선적인 관심을 가져야 하고, 하나님 나라를 이루기 위해서는 주님께서 말씀

하신대로 비둘기같이 순결해야 하고 뱀처럼 지혜로워야 한다.

교회가 기독인 후보를 지지하고, 기독인 후보를 지지하도록 선포하고, 기독인 후보를 지지하도록 운동하는 것은 불가한 일이 아니다. 가한 일이다. 얼마든지 할 수 있는 일이다. 그러나 모든 것이 가하다고 해서 모든 것이 유익한 것이 아니다. 기독인 후보를 공개적으로 지지할 경우 상대적으로 타종교인들을 자극하게 되고 그렇게 되면 복음의 앞길에 더 높은 저항의 장벽만 두텁게 드리우게 되어 하나님 나라를 이루는 일을 지연시키는 결과를 가져오게 된다. 모든 것이 가하나 모든 것이 유익한 것이 아니라는 성경의 가르침이 바로 여기에도 해당되는 것이다. 교회가 세상 권세와 밀착하게 되면 부패하게 되고, 교회가 부패하면 그 시대가 부패하게 되고, 종국에는 파멸하게 되는 것을 역사가 웅변으로 말해 주고 있다. 때문에 교회는 만년 '광야의 외치는 자의 소리'로 존재해야 한다. 어느 세력, 어느 집단이 정권을 잡든 교회는 세상 나라를 향해서 '쓴소리'를 서슴지 말아야 한다. 범죄한 아담의 후손된 인간 집단은 본질적으로 부패한 집단이기 때문에, 빛을 지향하노라고 말은 해도 발걸음은 어두움을 향해 옮겨지기 때문에, 교회는 어두움의 잘못된 방향으로 발걸음을 옮기는 세상 나라를 향해 끊임없이 경종을 울리고 바른 길로 나아가도록 밝은 빛을 비추어야 한다. 선지자적 사명을 힘있게 감당해야 한다는 말이다. 선지자적 사명의 자리에서 결코 이탈해서는 안 된다는 말이다.

특별히 독불장군 식으로 교계의 지도자연하는 분들은 더욱 자중해야 한다. 자칫 돈키호테 같은 무분별한 작태가 복음에 저항하는 쓰나미로 부메랑되지 않도록 말이다. 기독인이 개인적으로 정치 활동하는 것은 자유다. 공동체적으로 특정 후보를 지지하는 것도 가하다. 그러나 모든 것이 가하나 모든 것이 유익한 것은 아니요, 모든 것이 가하나 모든 것이 덕을 세우는 것은 아니라는 성경의 말씀을 깊이 묵상하면서 경거망동하지 말아야 한다. 교회는 세상 정권이 어떻게 변하든지 '광야의 외치는 자의 소리'로서 선지자적 사명을 변함없이, 그리고 힘있게 감당해야 한다. 그리하면 하나님의 의의 나라를 이루는 일이 좀 더 앞당겨질 것이다. 이 민족의 앞날에 서광이 있기를….

빛으로, 소금으로, 누룩으로

그가 대답하되 나를 들어 바다에 던지라
그리하면 바다가 너희를 위하여 잔잔하리라
너희가 이 큰 폭풍을 만난 것이
나 때문인 줄을 내가 아노라 하니라(욘 1:12)

●●● 아담 이후로 인간의 역사는 '변명과 책임 전가'의 역사라고 해도 과언이 아닐 것이다. 금단의 열매 선악과를 먹음으로 자초한 불행의 책임을 아담은 하와에게, 하와는 뱀에게 전가했다. 아담과 하와가 변명과 책임 전가를 하지 않고 '나 때문입니다'라며 책임을 떠안으려고 했다면 인간의 역사는 달라졌을 것이다.

작금의 나라 사정을 보면 태초의 '실낙원의 불행'이 재연되는 것 같아 불안한 마음을 떨쳐 버릴 수가 없다. 대권을 꿈꾸는 사람들은 서로의 단점과 허물을 찾기에 혈안이 되어 있다. 민초들 역시 어려워진 살림의 원인을 이웃 탓으로 돌리면서 불평과 불만과 원망과 증오를 해안의 파도처럼 토해 내고 있다. 어디를 가나 궁색한 자기 변명과 어색한 자기 합리화의 치졸한 모습뿐이다. 책임을 지려는 사람이나 책임을 지려는 그룹이 없다.

그런데 더 큰 문제는 하나님을 경외하는 사람들의 모임인 신앙 공동체로서의 교회도 예외가 아니라는 데 있다. 교회의 크고 작은 문제의 원인을 장로는 목사에게, 목사는 장로에게 책임을 떠넘기면서 분열과 분쟁의 내홍을 겪고 있는 교회들이 적지 않다. 교회의 세속화가 무엇인가? 일반 공동체와 구별된 모습을 찾을 수 없음이 아니던가? 일반 공동체가 어려운 현실의 원인을 이웃에게 돌린다고 하면 신앙 공동체인 교회는 그와는 다른 모습, 곧 책임지는 모습을 보여야 할 것이다. 인류 구원을 위해 세상의 모든 죄와 허물을 지시고 십자가에서 대속의 죽음을 죽으신 대제사장이신 예수님의 마음으로 단장의 아픔을 안고 기도하며 역사의 현장에서 십자가를 져야 할 것이다.

이스라엘의 허물을 안고, 자신은 지옥에 가도 좋으니 어리석은 인생들을 용서해 달라고 몸부림쳤던 모세와 같은 영성의 사람을 진정 이 시대에서는 찾을 길이 없단 말인가? 백성들이 당하는 고난의 원인이 자신과 조상 탓이라는 강한 책임의식을 가지고 자신의 안락한 삶을 포기하고 백성과 고난의 삶을 함께 하면서 고난의 원인을 해결했던 느헤미야 같은 영성의 사람을 진정 이 시대에는 찾을 길이 없단 말인가? 자신의 몸을 바다에던져 고난의 원인을 해결했던 요나 같은 영성의 사람을 진정 이 시대에는 찾을 길이 없단 말인가?

로뎀나무 아래에서 잠자는 이들이여! 이제 일어나라. 평범하지만 진리인 '나 때문입니다', '내 탓이오'의 의식을 가지고, 곧 하나님의 뜻을 이루기 위해 내 뜻과 내 권리를 포기하는 성육의 신앙을 가지고 각기 처한 삶의 현장에서 빛으로 소금으로 누룩으로 존재하라. 그래서 어두운 세상을 밝은 세상으로 변화시키고, 살 맛 없는 세상을 살 맛 나는 세상으로 변화시켜라. '너 때문이다'라는 의식이 변하여 '나 때문이야'라는 의식이 되도록 화학 변화를 일으키라.

들리지 않는가? 일어나 함께 가자고 주님께서 말씀하신다. 일어나라. 호렙에 올랐다가 사마리아로 나아가자.

시대를 초월한 **건강**하고 **행복**한 **성도**와 교회의 영원한 **아이콘**

삭개오가 서서 주께 여짜오되 주여 보시옵소서
내 소유의 절반을 가난한 자들에게 주겠사오며
만일 누구의 것을 속여 빼앗은 일이 있으면
네 갑절이나 갚겠나이다(눅 19:8)

●●● 얼마 전 종교 기관과 성직자에 대한 세금 부과 문제로 행정부와 입법부, 그리고 종교 기관 당사자 간에 갈등이 있었다. 세금 부과에 관한 법안의 국회 상정이 유보되기는 했지만, 이를 계기로 성직자를 비롯한 교회와 성도의 청부론(清富論)과 청빈론(清貧論)에 대한 담론이 있었다. 정당하게 벌어서 적법하게 축재하여 그 부를 누리는 것은 하나님의 축복이라는 청부론과 교회와 성도 그리고 성직자는 일만 악의 뿌리가 되는 부(富)와는 거리가 먼 가난한 삶을 살아야 한다는 청빈론이 맞섰다. 그러나 청부론이나 청빈론은 양극(兩極)의 대립적 담론이 아니라 청부와 청빈은 당위적이고도 필연적인 것이다.

성도는 부자가 되어야 한다. 부자가 되되 깨끗한 부자가 되어야 한다. 도움의 손길을 요청하는 곳이 허다한데 가난해 가지고 어떻게 도울 수 있겠는가? 때문에 소외된 이웃에 대한 구체적이고 실제적인 사랑의 실천을

94 당신은 그리스도의 제자 맞습니까?

위해서는 부자가 되어야 한다. 이렇게 받은 축복을 나눔으로 해서 부자이면서도 가난한 삶을 살아갈 수밖에 없는 것이 자연스러우면서도 필연적인 현상인 것이다. 그리고 이 같은 모습이 하나님의 말씀대로 살아가는 성숙한 믿음과 맑은 영성을 지닌 성도의 모습인 것이다.

그런데 문제는 청부인지 청빈인지를 어떻게 객관적으로 인증할 수 있느냐 하는 것이다. 그 문제는 어렵지 않다. 자신의 '가계부'를 점검하면 쉽게 분별할 수 있다. 개인이든, 가정이든, 기관이든, 국가 차원이든 '가계부의 원리'를 적용하면 지구촌은 '확' 달라진다. 건강하고 행복한 이상적인 세상이 이루어진다. 그러면 '가계부'를 점검하란 말은 무엇을 뜻하는가? 어떻게 가계부를 점검하란 말인가?

방법은 이렇다. 먼저 '수입란'을 점검하라. 하나님의 말씀대로 정직하게 땀 흘려 수고해서 얻은 수입인가? 하나님 앞과 신앙 양심 앞에 부끄럽지 않은 수입인가? 남을 속이거나 억울하게 한 일은 없는가? 불로 소득한 것은 아닌가를 살펴서 흠이 없는, 그래서 부끄럽지 않은 수입이라야 '청부'가 되는 것이다. 그리고 이제 '지출란'을 점검해 보라. 아무리 절약하고 알뜰하게 살림을 잘해서 낭비한 일이 없다 해도, 그 지출이 나와 내 가정, 내 자식만을 위한 지출이요, 어려움을 당하는 소외된 이웃을 위한 지출 항목이 없다고 하면 사람에게는 '살림꾼'이라는 칭찬을 받을 수 있겠지만 하나님 앞에서는 부끄러운 가계부인 것이다. 어려운 이웃을 돕는 항목이 많고 액수가 많을수록 그는 청빈자의 삶을 살아가고 있는 것이다. 수입과 지출을 점검하는 가계부 점검 방법은 개인과 모든 공동체에 동일하게 적용되는 가장 객관적이고 구체적인 재물에 대한 청지기로서의 삶을 검증하는 원리다.

성도와 교회는 청부이면서 청빈해야 한다. 하나님께로부터 풍성한 복을 받아 부자가 되었음에도 이를 베풀고 나눔으로 가난한 자같이 살아가는 성도와 교회, 이러한 성도와 교회가 시대를 초월한 건강하고 행복한 성도와 교회의 영원한 '아이콘'이다. 성도와 교회는 청부(淸富)이면서 청빈(淸貧)이어야 한다.

하나님의 **진설병**과
사탄의 **기호품**(嗜好品)

개들을 삼가고 행악하는 자들을 삼가고
몸을 상해하는 일을 삼가라(빌 3:2)

●●● 사탄이 좋아하는 식품이 무엇인지 아는가? 사탄이 좋아하는 식품은 바로 보신탕(補身湯)이다. 그것도 '똥개 보신탕'이다. 어떻게 사탄이 '똥개 보신탕'을 좋아한다는 것을 알 수 있는가? 그것은 빌립보서 3장 1~16절에 기록된 사도 바울의 신앙 고백을 통한 하나님의 말씀에서 쉽게 알 수 있다.

사도 바울은 알려진 대로 로마 제국 시대에 로마 시민권을 가졌고, 헬라 철학과 히브리 철학에 능통한 당대 제일의 석학이었다. 그리고 베냐민 지파에 속하는 명문 혈통의 후예였다. 바울은 권세, 명예, 재물, 학식, 덕망을 두루 갖춘 성공자의 표상이었다. 그러나 그것으로도 모자라서 더 높아지고, 더 많이 소유하고, 더 많이 누리려는 욕망에 사로잡혀 그리스도인을 박해하고 잡아 죽이는 일에 앞장서는 것을 자랑스럽게 여겼다. 그러한 바울이 다메섹 도상에서 부활하신 예수님을 만나고 나서는 전적으로 다른 사람으로 변했다. 박해하던 예수님의 증인되는 일에 목숨을 걸었을 뿐 아니라 이제까지 최고의 가치로 알았던 권세, 명예, 부, 지식, 혈통 등을 배설물로 여겼다. 그 이유를 사도 바울은 예수를 아는 지식이 가장 고상하기 때문이라고 설명하고 있다.(빌 3:8)

그런데 오늘의 교계 실상은 어떠한가? 사도 바울이 똥으로 여기고 던져버린 권세, 명예, 부를 얻으려고 혈안이 되어 코를 벌름거리면서 똥개가 똥냄새 맡으며 떼지어 다니듯 권세, 명예, 부의 냄새를 좇아 떼지어 몰려다니는 한심한 지도자연 하는 무리들의 모습은 사탄이 보기에는 맛좋은 똥개 보신탕감에 '딱'인 것이다. 조용히 치러도 될 조그마한 행사에 웬 총재, 회장, 부회장, 총무, 위원장의 직함을 가진 사람들의 얼굴이 그리 많이도 나열되는가? 그리고 교단장 선거 때나 교계 연합기관의 회장 선거를 할 때에 십수 억의 돈다발을 푼다고 하니 그들의 신분은 무엇인가? 빛의 자녀인가, 아니면 어둠의 자녀인가? 진정 그들이 빛의 자녀라면 어둠의 주관자인 사탄의 기호품으로 진상되는 행위는 하지 못할 것이다. 진정 맑은 영성의 지도자라면 사탄이 침을 흘리며 바싹 뒤쫓고 있음을 간파하고 속히 바울의 신앙으로 돌아와 바울과 같이 권세, 명예, 부를 똥으로 알고 미련 없이 사탄에게 던져 줄 것이다. 그래야 강단을 바라보고 앉아 있는 성도들에게 할 말을 할 수 있지 않겠는가?

성도들 역시 사도 바울이 배설물로 여기고 버린 부귀공명의 유혹으로부터 자유로워야 각기 소속되어 있는 사회 공동체에서 빛과 소금으로서의 기능을 백분 발휘할 수가 있다. 배설물 같은 부귀공명의 냄새에 취하게 되면 거룩한 그리스도인이 아니라 추한 그리스도인이 되고 만다. 추한 그리스도인을 보면서 참으로 건강하고 행복한 인생의 모습이 어떠한 것임을 알게 되었노라고 환호하며 복음의 길을 좇을 사람이 어디 있겠는가? 성도들이 언제나 명심할 것은, 내가 소속돼 있는 공동체에서 거부당하면 자연인으로서의 내가 거부당하는 것이 아니라 복음이 거부당하는 것이라는 사실이다. 한 영혼을 실족케 하면 차라리 연자 맷돌을 목에 매고 깊은 바다에 던지움을 당하는 것이 낫다고 했는데, 그 무서운 결과를 어떻게 감당할 것인가? 그러므로 추한 그리스도인으로 사탄의 기호품이 되지 않으려면 성령의 충만함을 받아서 성령님의 인도하심을 따라 살아가야 한다. 그리하면 육신에 속한 탐심을 다스려 성화의 삶을 살아가게 된다.

오늘 당신의 모습은 어떠한가? 하나님께서 기뻐하실 진설병인가, 아니면 사탄이 좋아하는 사탄의 기호품인가?

'답게'타령으로
신바람나는 세상이
오게 하자

오직 너희는 그리스도의 복음에
합당하게 생활하라(빌 1:27)

●●● 오래 전 육군 병영 생활을 할 때, 유일하게 읽을거리
라고는 전우신문밖에 없었다. 전우신문을 대할 때마다 한결같이 도전을
주는 것이 있었다. 그것은 다름 아닌 "답게 일등병"이라는 만화 제목의 '답
게'라는 표현이었다. '답게'라는 표현대로, 누구든지 자기에게 주어진 이
름과 자리대로 '답게'살아간다면 이 세상이 얼마나 건강하고 행복한 세상
이 될까 하는 생각은, '답게'라는 표현에 도전받은 그때나 지금이나 변함
이 없다. 요령껏 농땡이 치면서 자기 실속을 챙기려는 속성의 문화는 군
대라는 특수 공동체에서만의 문화는 아닌 듯싶다. 어느 공동체이든 요령
껏 농땡이 치는 사람이 잘 나가고 있기 때문이다.

병영 생활 당시, 적어도 그 문화권에서는 참으로 철없는 생각을 했었다.
철없는 생각이란 이런 것이었다. 고참은 선배로서 후배인 신병들의 불안
해하는 마음을 안돈시켜 주고 즐거운 병영 생활이 되도록 더 친절하게 안

내해 주고 지도해 줄 수는 없는 것일까, 또 신병은 후배로서 선배인 고참들을 인격적으로 공경하면서 섬기며 따를 수는 없는 것일까, 장교는 어버이의 심정으로 부하 병사들을 정겹게 보살필 수는 없는 것일까, 병사들은 장교들을 어버이 섬기듯 존경과 사랑으로 섬길 수는 없는 것일까, 이렇게 서로가 그 주어진 이름대로 '답게' 살아가면 병영 생활이 얼마나 건강하고 행복할까 하는 것이었다. 이러한 철없는 생각 때문에 병영 생활 내내 우울한 나날이었지만, 나름대로 요령껏 농땡이치지 않고 최선을 다해 '답게'의 삶을 살려고 안간힘을 썼다. 전역 후 명실공히 거대한 사회 조직체의 일원이 되어 지금까지 지내오면서 '답게'라는 삶의 명제는 변함이 없다. 새해 벽두에 웬 '답게' 타령인가 하고 실소(失笑)할 이도 있겠지만, 그래도 확신하는 것은 '답게' 타령만이 세상을 신바람나게 할 흥겨운 가락이 되기 때문이다.

지구촌은 지금도 동서양이나 남북미를 막론하고 온 지구촌 구석구석에서 좌파 세력이 정권을 거머쥐어 가고 있다. 그리고 종교 간의 접촉과 대화가 빈번해지면서 하나의 종교에로의 분위기가 점차로 숙성되어 가고 있다. 이는 성경이 증언하고 있는 종말의 때에 모습을 드러낼 적그리스도가 통치하는 짐승 정치 시대, 곧 수정 통치 시대로 진입하는 초단계의 현상이다. 또한 거짓 선지자로 대변되는 음녀 교회 시대로 진입하는 초단계의 현상임을 생각한다면 하나님의 특별 은총으로 성별된 사람들의 모임인 교회가 이 시대에 어떻게 처신해야 할 것인지는 너무나도 분명하다. 한 마디로 '교회답게' 처신해야 한다. 일반적으로도 건강하고 행복한 사회를 위해서 정치인은 정치인답게, 교육자는 교육자답게, 경제인은 경제인답게, 문화 예술인은 문화 예술인답게, 언론인은 언론인답게 이름과 자리대로 처신해야 되겠거니와 특별히 하나님께로부터 세상의 빛으로 세움받은 교회는 빛을 비추는 '교회답게' 존재해야 한다.

주님께서 말씀하셨다. 등불을 '말' 아래나 '평상' 아래 두지 말고 등경 위에 높이 달라고 하셨다. 오늘의 지구촌이 왜 이토록 어둡고 혼란한가? 그 이유는 여러 가지를 들 수 있겠지만, 교회가 '교회답게' 존재하지 못하기 때문이다. 등경 위에 높이 달아야 하는데 등불을 '말'과 '평상'아래 두기 때문이다. '말'이 무엇인가? '말'은 곡물을 되는 도구다. '평상'이 무엇인가? 안락하게 쉬는 도구다. '말'은 재물을 말함이요, '평상'은 향락을 말함이다. 곧 교회가 세속의 배금주의 문화에 오염되고, 향락주의 문화에 오염되면 어두운 세상을 밝게 할 수가 없다. 그래서 등불을 '말' 아래나 '평상' 아래 두지 말라고 하신 것이다. 곧 '교회다움'이란 일반 성도이든, 지도자이든 청빈해야 하고 성결해야 한다는 뜻이다. 그리고 다가오는 수정 통치 시대, 음녀 교회 시대를 대비해서 세상 무기가 아닌 하나님의 무기로 무장해야 한다는 뜻이다.(엡 6:10-18)

새해에는 진정 '성도답게' 살아가라. '지도자답게' 살아가라. 빛의 자녀들이여!(엡 5:8) 새해에는 우리 모두 '답게, 답게, 답게 타령'으로 이 지구촌에 신바람나는 세상이 오게 하자.

코람데오의 신앙의식으로 살아가라

여호와의 말씀이니라 나는 가까운 데에 있는 하나님이요
먼 데에 있는 하나님은 아니냐 여호와의 말씀이니라
사람이 내게 보이지 아니하려고 누가 자신을 은밀한 곳에 숨길 수 있겠느냐
여호와가 말하노라 나는 천지에 충만하지 아니하냐(렘 23:23–24)

●●● '수신제가치국평천하(修身齊家治國平天下)'란 말은 비단 정치에 뜻을 둔 사람뿐 아니라 모든 사람들에게 교훈을 주는 성현의 가르침이다. 실제로 자기 관리를 못하고 가정을 바로 세우지 못함으로 인해, 뛰어난 재능과 탁월한 지도력을 갖추고 있음에도 정상의 문턱에서 좌절하는 경우를 많이 본다. 문민정부의 개혁 바람이나 사정의 칼에 권좌에서 밀려난 사람들이나 떨어진 별들이 그러하고, 명예를 생명같이 여겨야 할 높은 공직의 사람들이 그 영광된 이름에 먹칠을 하고 치욕스러운 모습으로 총총히 역사의 뒤안길로 사라진 일이 그러하다. 성경에 말씀하기를 "노하기를 더디 하는 자는 용사보다 낫고 자기의 마음을 다스리는 자는 성을 빼앗는 자보다 나으니라."(잠 16:32)고 하였다.

자연인과 성도의 다른 점이 무엇인가? 자연인은 무절제의 삶을 사는 사람이요, 성도는 절제의 삶을 사는 사람이다. 물론 자연인도 현행법을 따

라, 도덕률을 따라, 양심을 따라 나름대로 절제의 삶을 살려고 하나 그 기준이 상대적이요 또한 구속력이 약하기 때문에 세속의 기준으로는 자기 관리가 되지 않는다. 오직 절대 구속력을 가진 하나님의 말씀으로만 비로소 자기 관리를 할 수 있다. 그래서 시편에 보면 "청년이 무엇으로 그의 행실을 깨끗하게 하리이까. 주의 말씀만 지킬 따름이니이다. 내가 주께 범죄 하지 아니하려 하여 주의 말씀을 내 마음에 두었나이다."(시 119:9,11) 했다. 하나님의 말씀은 거울이요, 자요, 저울이요, 칼이요, 방망이다. 때문에 하나님의 말씀을 따라 자신의 실상을 바로 볼 수 있고, 바로 평가할 수 있고, 바르게 개혁 관리해 나아갈 수 있다.

그런데 역시 가장 중요한 것은 홀로 있을 때 자기 관리를 바로 하는 것이다. 신기독(愼基獨)! 홀로 있을 때를 삼가라는 말이다. 그런데 대체로 사람들이 있을 때는 자기 절제를 그런대로 하지만, 홀로 있을 때는 자기 관리를 못하거나 자기 관리를 소홀히 하는 것을 본다. 그래서 이 땅에는 위선자들이 많다. 이중의 의식을 가지고 이중의 삶을 사는 사람들이 많다는 말이다. 자연인이 아닌 그리스도인이라 할지라도 신앙과 신앙 인격이 미숙한 성도는 자연인 때의 이중의식을 불식하지 못하고 자연인 때와 같이 사람의 눈만을 의식하며 산다. 그러나 성숙한 신앙 인격자는 사람의 눈이나 사람의 평가에 매이지 아니하고 아무도 없는 빈 공간에 홀로 있을 때에도 항상 하나님의 눈을 의식하면서 자기 관리를 바로 한다. 바로 '코람 데오'의 신앙의식을 가지고 살아간다.

성도여! 그대는 홀로 있을 때 무엇을 생각하고 무엇을 보는가? 무슨 소리에 귀를 기울이고 나누는 밀어의 상대는 누구인가? 영적인 것인가, 육적인 것인가? 그리고 홀로 있을 때 어떠한 몸가짐을 하고 있는가? 사도 베드로를 통한 하나님의 말씀에 귀를 기울이라. "그러므로 너희 마음의 허리를 동이고 근신하여 예수 그리스도께서 나타나실 때에 너희에게 가져다주실 은혜를 온전히 바랄지어다. 만물의 마지막이 가까이 왔으니 그러므로 너희는 정신을 차리고 근신하여 기도하라."(벧전 1:13, 4:7)

성도는 언제 어디서나 만왕의 왕 되신 하나님 앞에서 생활하고 있다는 사실을 명심해야 한다. 곧 어전(御前)의식을 가지고 살아가야 한다.

분견 사육장(糞犬 飼育場)이
되어버린 교회

개들을 삼가고 행악하는 자들을 삼가고 몸을 상해하는 일을 삼가라
하나님의 성령으로 봉사하며 그리스도 예수로 자랑하고
육체를 신뢰하지 아니하는 우리가 곧 할례파라(빌 3:2-3)

●●● 사도 바울은 통속적인 차원이든 고상한 차원이든 그
누구도 비교할 수 없는 내노라 자랑할 만한 좋은 조건을 갖춘 이였다. 혈
통으로는 베냐민 지파의 명문 집안이요, 신분으로는 세계 최대 강국인 로
마 제국의 시민권을 소지한 세도 당당한 로마 시민이다. 학문으로는 당대
의 석학인 가말리엘의 문하에서 수학한 최고의 지성인이다. 곧 헬라 철
학과 히브리 철학에 능통했다. 도덕적으로는 유대 율법에 철저하여 흠이
없었다. 경제적으로도 핍절함이 없는 윤택한 가정이었다. 사도 바울은 권
세와 명예와 부를 동시에 누릴 수 있는 삼관왕(?)의 인생을 산 인물이다.
그런데 어느 날 갑자기 전혀 다른 사람으로 표변한 바울을 보고 당시 유
대 총독이었던 베스도는 '미친 놈'이라고까지 했다. 왜? 사도 바울은 누구
나 성취하고 싶고, 소유하고 싶고, 향유하고 싶은 명예와 권세와 부를 천
신만고 끝에 얻었음에도 불구하고 그 모두를 '똥, 오줌'같이 여긴다고 하

면서 미련 없이 던져 버렸기 때문이다. 그 이유를 사도 바울은 이렇게 한 마디로 설명하고 있다. '예수 그리스도를 아는 지식이 가장 고상하기 때문이다'(빌 3:7-8)라고.

누구를 성도라 하는가? 예수 그리스도 안에서 구속함을 받아 하나님의 자녀 된 권세를 얻고 하늘 나라의 거룩한 백성으로 구별된 사람들이 아니던가? 예수로 말미암아 존귀한 자가 되고, 예수로 말미암아 영원한 하늘의 영화를 누리게 되었기에 예수를 지고지선의 가치로 그리고 최상의 존귀한 분으로 모시고 그분에게만 찬양과 영광과 경배를 드리는 것이 성도들의 한결같은 신앙 고백이 아니던가? 바울처럼 세상의 부귀와 명리와 공명은 분토같이, 초개같이, 배설물같이 던져 버리노라고 고백한 사람들이 아니던가?

그런데 어인 일로 오늘의 교회는 분견 사육장(糞犬 飼育場)같이 되었는지 모르겠다. 사도 바울은 똥, 오줌으로 여기며 미련 없이 던져 버린 것들을, 그래서 질펀한 저자거리에 흉물스럽게 나뒹구는 오물 같은 권세, 명예, 부, 권위, 자존심, 명분이라는 오물들을 똥개같이 콧구멍 벌름거리며 찾아 헤매다가 그것을 놓고 서로 으르렁거리며 송곳니를 날카롭게 드러내놓고 싸움박질을 한다. 크게는 교단장 선거로부터 작게는 성도 사이의 크고 작은 갈등에 이르기까지 내용과 형태는 달라도 하는 짓거리는 분견(糞犬)과 조금도 다를 바가 없다. 그래서 개들을 삼가라고 성경에서는 가르치고 있다(빌 3:2). 분견 같은 저급한 군상들의 집합체, 이것이 오늘날 한국 교회의 실상임을 너나없이 통절하게 인식해야 한다. 그래서 진정 사도 바울처럼 세속의 명리와 공명을 초월한 거룩한 무리로서의 성숙한 교회의 모습을 역사 앞에 보여야 하겠다.

지금은 그 어느 때보다도 "존귀하나 깨닫지 못하는 사람은 멸망하는 짐승 같도다."(시 49:20)는 말씀에 더욱 주의 깊게 귀를 기울일 때다. 그리하여 분견 사육장이 아닌 참 성도들의 모임인 교회다운 교회가 되게 하여야겠다.

수시로 **자기**를 **점검**하는 지혜

●●● 인생을 인생답게 바르게 살기를 조금이라도 원하는 사람이라면, 그리고 바르게 살기를 최선을 다해 힘쓰는 사람이라면 수시로 자신의 삶의 모습을 객관화시켜서 냉혹하게 비판해 볼 필요가 있다. 텔레비전이나 영화의 스크린에 영상화된 자신의 삶의 모습, 무대 위에 올려진 자신의 삶의 몸짓을 연극영화의 평론가 입장에서 평가해 볼 필요가 있다. 인생은 누구나 그림을 그리며, 이야기를 엮으며, 멜로디를 남기면서 사는 것이라 할 때 캔버스에 그려진 자기의 삶의 풍경이 어떠한지, 소설화된 이야기 속 주인공으로서의 자신의 행적이 어떠한지, 오선지 위에 실린 자신의 삶의 리듬은 어떠한지 문학, 미술, 음악 평론가의 입장에서 냉철하게 평가하기를 수시로 할 때 그래도 조금은 발전적으로 변화된 삶을 살게 된다. 그런데 안타깝게도 많은 사람들이 일상의 생활이 너무 바쁘고 피곤하다는 이유로 자신을 돌이켜 보는 자기 점검의 생활에 태만한 것 같다.

그러나 자기 점검의 생활을 기피하는 것은 스스로 인간이기를 포기하는 것과 같은 어리석은 일이다. 파스칼의 표현대로 인생은 갈대와 같이 연약한 존재지만, 그러나 생각하는 갈대이기에 존귀한 존재인 것이다. 인생이 짐승과 다른 점이 무엇인가? 생각한다는 것이요, 양심이 있다는 것이요, 염치가 있다는 것이요, 꿈이 있다는 것이요, 영원을 사모하는 영적 존재라는 점에서 다른 동물들과 구별되는 것이다. 그런데 양심이나 염치나 꿈이나 영원을 사모하는 것이 자신을 깊이 성찰하는 생각에서 비롯된다고 볼 때, 깊이 생각하기를 기피하는 것은 스스로 인간이기를 포기하고 짐승스런 삶을 살아가겠노라고 선언하는 것과 같다고 할 수 있다. "현대의 위기는 바로 생각하기를 기피하는 사색의 빈곤"이라고 20세기의 석학이요 성자라고 일컬음을 받은 슈바이처도 갈파하고 있음을 본다.

객관화된 자신의 모습이 어떠하다고 판단되는가? 이제 조용히 자기 점검을 해 보자. 실제로는 놀부이면서 흥부인 양 착각하며 살아오지는 않았는가? 실제로는 졸장부인데 대장부인 양 착각하며 살아오지는 않았는가? 실제로는 돈주앙 이상의 탕아탕녀이면서 요조숙녀인 양 착각하며 살아오지는 않았는가? 실제로는 스크루지 같은 수전노이면서 산타할아버지처럼 자선가인 양 착각하며 살아오지는 않았는가? 실제로는 밴댕이 소갈딱지를 지닌 좀팽이면서 유비처럼 관인 후덕하다고 착각하며 살아오지는 않았는가? 실제로는 거짓과 불의로 얼룩진 삶을 살면서 가장 정직하고 의로운 삶을 사는 것처럼 착각하며 살아오지는 않았는가? 실제로는 육적이요, 세속적이요, 세상적이면서도 가장 신령한 생활을 하는 것으로 착각하며 살아오지는 않았는가? 실제로는 재물에 탐닉하면서 가장 청빈한 삶을 사는 것으로 착각하며 살아오지는 않았는가? 실제로는 무지몽매한 자리에서 생활하면서 가장 슬기롭고 지혜롭게 사는 것으로 착각하며 살아오지는 않았는가?

　성도는 하나님의 좋은 연기자가 되어야 한다. 사탄의 꼭두각시가 되어서는 안 된다. 수시로 자신을 점검하고 평가해서 인간답게, 성도답게, 직분자답게 '답게의 삶'을 살아야 한다.

하나님이
찾으시는 사람

슬퍼하며 애통하며 울지어다
너희 웃음을 애통으로
너희 즐거움을 근심으로 바꿀지어다(약 4:9)

●●●● "말세에 어려운 때가 있으리라는 것을 잊지 마시오. 그 때에는 사람들이 자기를 사랑하고 돈을 사랑하며 뽐내고 교만하고 하나님을 모독하고 부모에게 순종하지 않을 것입니다. 그들은 감사할 줄도 모르고 거룩하지도 않으며 사랑이 없고 용서하지 않고 남을 헐뜯고 자제하지 못하며 사납고 선한 것을 싫어하고 배반하고 조급하며 거만하고 하나님보다 쾌락을 더 사랑하고 겉으로는 신앙심이 있는 듯이 보이지만 그 능력은 거부할 것입니다. 그대는 이런 사람들과 같이 되지 마시오."

이는 디모데후서 3장 1절부터 5절까지의 말씀이다. 말세에 나타날 일반적인 세상사의 제반 현상들에 대한 예언이다. 누군가 말하기를, '신문은 제2의 성경'이라고 했다. 성경의 예언이 현실로 나타난 것을 반영하는 것이기 때문이다.

작금의 정치, 경제, 사회, 문화, 도덕, 종교 실상을 보면 이 시대를 사는 사람들은 인간이기를 포기했음을 깊이 생각하지 않아도 쉽게 알 수 있다. 이름 지어 추한 정치인, 치사한 실업인, 비열한 문화인, 부패하고 타락한 종교인, 이들은 쓰레기 소각장에서조차 받아들일 수 없는 추악한 인간군들이다. 그러나 감히 누가 저들에게 돌을 들어 던질 수 있으랴. 너나 할것없이 얼굴에 쓰고 있는 가면을 벗으면 구역질나고 소름끼치는 문둥이의 몰골인 것을.

그러므로 이제 '탓'일랑 하지 말자. 누구에게 기대하기 전에 현실의 상처를 마음아프게 느끼는 사람이 먼저 무릎을 꿇자. 이 시대의 극한 죄악으로 인하여 하나님의 진노의 심판이 임할 것이매 내가 먼저 통회의 무릎을 꿇자.

"사람의 아들아, 너는 탄식하라. 그들이 보는 데서 가슴이 찢어질 듯한 슬픔으로 탄식하라. 그들이 너에게 '당신은 어째서 탄식하시오?'하고 묻거든 너는 이렇게 대답하라. '내가 이렇게 하는 것은 들려오는 소문 때문이오. 재앙이 닥치면 무서워서 사람들의 마음이 녹을 것이며 모든 사람들의 손에 맥이 풀리고 그들의 기력이 쇠하며 모든 사람의 무릎이 물같이 약해질 것이오.' 보라 재앙이 다가오고 있다. 내 말은 반드시 이루어질 것이다. 이것은 나 주 여호와의 말이다."(겔 21:6-7)

지금은 슬퍼하고 울며 통곡할 때다. 웃음을 울음으로, 즐거움을 근심으로 바꿀 때다(약 4:9). 이 같은 삶이 이 시대를 향한 하나님의 섭리와 경륜을 깨달은 성숙한 믿음의 사람들의 모습이다. 이러한 눈물의 사람들을 하나님은 찾고 계시다.

나와 너, 그리고 우리 모두 서로의 아집의 탈을 벗자.
그리하여 예수의 마음 한가운데 그곳에서
진정 형제와 동지로서 만나자.
예수 안에서 하나 됨을 확인하자.
오, 주여! 사이(間) 없는 만남이 속히 있게 하소서.

3

예수의
마음 한가운데
그곳에서 만나자

증오의
불을 잡는
사랑의 눈물

사랑하는 자들아 우리가 서로 사랑하자 사랑은 하나님께 속한 것이니
사랑하는 자마다 하나님으로부터 나서 하나님을 알고
사랑하지 아니하는 자는 하나님을 알지 못하나니
이는 하나님은 사랑이심이라(요일 4:7-8)

●●● 하나님의 사랑은 보편적인 사랑이다. 인종을 초월하고 민족을 초월하고 빈부귀천의 신분과 계급을 초월하고 남녀노유를 초월하고 건강과 장애를 초월한 사랑이다. 악인이나 선인에게 햇빛을 비추게 하시고 의인과 불의한 자에게도 비를 내리시는 하나님이시다. 나를 사랑하는 자만 사랑하고 내가 좋아하는 사람만 좋아한다면 하나님을 알지 못하는 사람과 무엇이 다른가? 원수까지도 사랑하는 사랑이 하나님의 사랑을 받은 성도들의 정상적인 인간관계임을 언제나 잊지 말고 기억해야 한다(마 5:43-48). 하나님께서 깨끗케 하신 것을 더럽다고 피하고 멀리해서는 안 된다(행 10:15). 주께서도 정죄치 않는 일을 정죄해서도 안 된다(요 8:11). 이웃을 저울질하지 말라. 하나님 앞에서 비판을 받지 않으려면 남을 비판하지 말라. 남의 눈 속에 있는 티를 탓하기 전에 자신의 눈 속에 있는 들보를 발견하고 이를 먼저 해결하라(마 7:1-6). 가랑잎이 솔잎 보

고 바스락거린다고 해 보라. 똥 묻은 개가 겨 묻은 개를 나무란다고 생각해 보라. 얼마나 웃기는 일인가? 하나님께서 웃으신다고 했다.(시 37:13)

성도는 예수 그리스도 안에서 하나님을 한 아버지, 한 주로 고백하고 섬기는 사람들이다. 곧 예수 그리스도의 피로 하나 된 형제요, 동지들이다. 생사고락을 함께 하는 차별 없는 사랑의 섬김만이 있어야 한다. 허물과 실수는 누구에게나 있는 것이다. 주머니 털어 먼저 안 나는 사람 없다고 하지 않는가? 사랑은 허다한 허물을 덮는다고 했다(벧전 4:8). 이웃이 나를 어떻게 생각하든 나는 그를 위해 사랑의 기도를 하자(시 109:4). 곳곳마다 증오의 불길은 맹렬한데 증오의 불길을 잡을 사랑의 눈물이 없구나! 사랑의 눈물을 흘리는 자는 지옥의 불이 피해 갈 것이다. 그래서 우는 자의 이마에 인을 치라고 했다. 그리고 울라고 했다(약 4:9, 겔 9:4, 21:6-7, 눅 23:28). 나를 위해 우신 예수님을 잊지 말라(히 5:7, 눅 19:41). 이제 우리 모두 자신과 오늘의 교회를 위해 기도하자.

"눈물을 주소서. 사랑의 눈물을 주소서. 증오의 불길을 잡을 수 있는 사랑의 눈물을 이 땅의 교회 위에 내려 주소서."

형제들이여! 우리 모두 주님의 은혜의 보좌 앞에 더욱 가까이 나아가자. 그리하여 먼저 주님의 사랑의 눈물에 흠뻑 젖어 보자. 주님의 사랑의 눈물에 젖은 사람만이 사랑의 눈물을 흘릴 수 있기 때문이다.

하나님께
자유한 **성도**

누가 너를 남달리 구별하였느냐
네게 있는 것 중에 받지 아니한 것이 무엇이냐
네가 받았은즉 어찌하여
받지 아니한 것 같이 자랑하느냐(고전 4:7)

●●●● 성숙한 믿음의 척도를 여러 가지로 표현하는 것을 본
다. 기도를 많이 하는 성도, 성경을 많이 읽고 배우고 아는 성도, 전도를
많이 하는 성도, 사회 봉사를 많이 하는 성도, 헌금을 많이 하는 성도, 고
매한 인품을 갖춘 성도 등등…. 그러나 뭐니뭐니해도 성숙한 믿음의 성도
는 하나님께 자유한 성도다.

하나님께 자유한 성도는 나의 일체가 하나님께 완전 개방된 성도를 말한
다. 하나님께서 필요로 하실 때 나의 어느 부분이든 편안하게 마음껏 쓰실
수 있도록 하나님을 향해 전적으로 열려 있는 성도다. 기도를 많이 하고
전도도 많이 하지만 하나님께 완전히 풀어 놓지 못하고 부분적으로 '나'라
고 하는 아집의 말뚝에, '내 것'이라는 미망의 말뚝에 꽁꽁 묶어 놓고 하나
님께서 필요로 하실 때 "이것만은 안 됩니다!", "이것만은 못합니다!" 하
면서 하나님을 노엽게 하는 경우를 많이 본다. 어떤 성도는 자기 몸을 꽁

꽁 묶어 놓고 육체 봉사를 원하시는 하나님의 손길을 뿌리치는 것을 본다. 어떤 성도는 아름다운 목소리를 꽁꽁 묶어 놓고 고운 음성의 봉사를 원하시는 하나님의 손길을 뿌리치는 것을 본다. 어떤 성도는 전문적인 지식과 기능을 꽁꽁 묶어 놓고 그 분야의 지식과 기능을 필요로 하시는 하나님의 손길을 뿌리치는 것을 본다. 어떤 사람은 재물(동산이든 부동산이든)을 꽁꽁 묶어 놓고 재물을 쓰시겠다고 말씀하시는 하나님의 음성에 귀를 막는 것을 본다. 참으로 민망하기 이를 데 없다.

흔히 청지기 신앙을 말한다. 하나님은 우리의 주인이시고 우리는 하나님의 청지기라고 고백한다. 실제로 청지기는 아무런 권한이 없다. 주인의 것을 맡아서 관리하는 것뿐이고, 주인이 필요로 할 때 보관하고 있었던 것을 내어드리면 된다. 때로는 후한 충성을 했다고 자부하면서 조금은 거드름을 피우는 성도가 있는가 하면, 때로는 인색한 것 같이 느껴지는 자신의 섬김에 죄책감을 가지고 괴로워하는 성도도 있다. 그러나 하나님께 자유한 성숙한 신앙의 성도에게는 인색함이나 후함이라는 표현은 걸맞지 않는 표현이다.

기도를 많이 하는가? 성경을 많이 배워 알고 있는가? 사회 활동을 많이 하는가? 고매한 인품을 갖추었다고 생각되는가? 그렇다면 성도여! 이제 다시 한 번 조용히 자신을 돌아보라. 그대는 과연 하나님께서 그대의 어느 부분을 요구하시든지 편안하게 쓰실 수 있도록 서슴없이 내어드릴 수 있는 준비를 하고 있는가? 그대는 진정 하나님께 자유한 성도인가? 혹 '내 것'이라고 묶어 놓은 것은 없는가? 그래서 하나님의 심기를 불편하게 하고 있지는 않는가? 그것이 무엇인가? 이제 곧 그대의 모든 것을 풀어 놓아 하나님께 자유한 성도가 되라. 그리하면 하나님께 편안한 성도, 하나님께 자유한 성도에게 내리시는 축복의 기쁨을 마음껏 누리게 되리라.

우월감이나
열등감은
교만의
이중 **표현**

그리스도 예수의 사람들은 육체와 함께
그 정욕과 탐심을 십자가에 못 박았느니라(갈 5:24)

●●● 영국의 사상가 베이컨은 인간이 섬기는 우상의 종류를 말하면서 그 중에 하나가 '시장성의 우상'이라고 했다. 실제로 사람은 누구에게나 자기 현시욕이 있어서 자신을 돋보이게 하려고 다양한 방법으로 자기 선전을 하고 자기 표현을 한다. 그래서 이 욕망이 어느 정도 충족되면 우월감을 가지고 우쭐거리기도 하고, 이 욕망이 충족되지 않고 좌절되면 열등감을 느끼며 의기소침해서 비열해지기도 한다. 그러나 우월감이나 열등감은 성숙한 신앙 인격자에게 어울리는 낱말이 아니다. 우월감과 열등감은 모두 교만의 이중 표현이기 때문이다. 교만의 적극적 표현이 우월감이라고 한다면, 열등감은 같은 교만의 소극적인 표현이다.

성도가 누군가? 그리스도 예수의 사람들인 성도는 육체와 함께 그 정과 욕심을 십자가에 못 박은 사람이라고 했다(갈 5:24). 교만의 싹은 바로 십자가에서 죽지 못한 나라고 하는 아집에서 나오는 것이다. 예수 안에서 거듭난 자의 삶은 구속하신 예수만을 바라보고 또한 구속하신 예수만을 나타내는 삶이다. 내가 없기 때문에 비교할 이웃도 없다. 비교가 없으니 우월감도 열등감도 느끼지 않는다. 자랑할 것도 없고 좌절할 것도 없다. 다만 겸손한 섬김이 있을 뿐이다. 이웃으로서의 너를 예수를 섬기듯 하라고 했기 때문이다. 그래서 섬김도 억지 섬김이 아니라 즐거움의 섬김이 되어야 한다. 그런데 우리 주변에는 우월감을 가지고 우쭐대는 가소로운 사람도 의외로 많고, 열등감을 가지고 비열한 모습을 보이는 못난 사람도 적지 않다. 모두가 나라고 하는 아집의 교만이 십자가에 못 박혀 죽지 않았기 때문이다.

신앙 생활이란 투쟁이다. 자기와의 싸움이다. 아집과의 혈투다. 그래서 바울은 날마다 죽노라 했고 끊임없이 자신을 쳐 복종시킨다고 했다. 성도는 죄와 싸우되 피 흘리기까지는 하지 않았다는 책망의 음성을 늘 들어야 한다(히 12:4). 교만은 사단에게 교두보를 제공하는 이적 행위임을 알아야 한다. 그래서 하나님은 교만을 제일 미워하신다. 그대는 혹 우월감에 젖어 있거나 열등감에 빠져 있지는 아니한가? 우월감이든 열등감이든 다 같이 교만의 이중 표현임을 명심하자. 교만은 하나님의 미워하시는 바요, 패망의 선봉이다. 하나님은 겸손한 자에게 은혜 주시고 교만한 자를 물리치신다고 했다(약 4:6). 이제 나오라. 우월감에서 그리고 열등감에서 뛰쳐나오라. 그리고 빈 마음으로 사이(間) 없이 서로 만나자. 그대 마음과 생활에 기쁨 충만하리라.

넉넉한 마음의
사람이 되라

도가니로 은을, 풀무로 금을,
칭찬으로 사람을 단련하느니라(잠 27:21)

●●● 칭찬과 책망을 할 때의 반응을 보면 그 사람의 됨됨
이를 어느 정도 알 수 있다. 도량이 있고 마음이 넉넉한 사람은 칭찬받을
때 더욱 겸손하고 온유해진다. 그러나 도량이 없고 마음이 좁은 사람은
칭찬받을 때 천방지축으로 경거망동하고 오만방자하며 불손해진다. 또
도량이 있고 마음이 넉넉한 사람은 책망받았을 때 이를 고맙게 생각하고
깨우쳐 준 사람을 더욱 가까이한다. 그러나 도량이 없고 마음이 좁은 사
람은 책망받았을 때 불쾌하게 생각하고 노여움과 증오심을 가지고 깨우
쳐 준 사람을 피하고 멀리 한다. 그래서 성경에서 말씀하기를 "거만한 자
를 징계하는 자는 도리어 능욕을 받고 악인을 책망하는 자는 도리어 흠
이 잡히느니라. 거만한 자를 책망하지 말라. 그가 너를 미워할까 두려우
니라. 지혜 있는 자를 책망하라. 그가 너를 사랑하리라. 지혜 있는 자에
게 교훈을 더하라. 그가 더욱 지혜로워질 것이요. 의로운 사람을 가르치

라. 그의 학식이 더하리라."(잠 9:7-9)고 했고, 또 잠언 12장 1절에서는 "훈계를 좋아하는 자는 지식을 좋아하거니와 징계를 싫어하는 자는 짐승과 같으니라."고 했다.

웃시야 왕이 왜 문둥병에 걸렸는가? 제사장 아사랴의 책망을 겸손히 받아들이고 감사한 것이 아니라 오히려 분노를 품었기 때문이다(대하 26:16-21). 그러나 다윗은 어떻게 해서 하나님께서 기뻐하시고 백성들로부터 존경과 사랑을 받는 사람이 될 수 있었을까? 다윗은 선지자 나단의 책망을 겸손히 받아들이고 감사했기 때문이다.(삼하 12:1-15)

성도여! 발전과 번영을 원하는가? 넉넉한 마음을 가지라. 나를 위한 사랑의 깨우침을 감사함으로 겸손하게 수용하라. 넉넉한 마음이 어떠한 마음인가? 넉넉한 마음은 바로 예수의 마음이다. 그래서 성경에 "너희 안에 이 마음을 품으라. 곧 그리스도 예수의 마음이니"(빌 2:50) 하지 않았던가? 예수님의 마음은 깨우침의 말뿐이 아니라 반대로 자신을 모욕하고 비방하고 저주하는 말까지도 다 받아서 녹인 마음이다. 녹일 뿐 아니라 그들을 위해서 사랑의 기도를 드리는 마음이다.(눅 23:34)

오늘 우리의 시대는 마음의 넉넉함을 찾을 수 없는 각박한 시대다. 지극히 작은 일에도 혈기를 내고 분노하고 폭행하고 살인까지 하는 시대다. 성도의 의미가 무엇인가? '다르다'는 뜻이다. '구별되다'는 뜻이다. 하나님을 알지 못하는 이 시대 사람들과는 다른 모습을 보여야 할 사람들이 바로 성도다. 가정에서, 직장에서, 사업터에서, 여행 중에서, 교회에서 마음의 넉넉함을 보이며 살라. 그대들의 마음 넉넉한 삶이 하나님의 영광을 높이 드러나게 할 것이매…. 넉넉한 마음의 소유자가 되라.

지혜로운 결단으로
관계 회복을

모든 것이 하나님께로서 났으며
그가 그리스도로 말미암아
우리를 자기와 화목하게 하시고
또 우리에게 화목하게 하는 직분을 주셨으니(고후 5:18)

●●● 인간은 관계성의 존재다. 때문에 관계를 떠나서는 존재 가치가 없다. 관계는 상호 이해의 끈으로 연결되고, 상호 이해는 대화를 수단으로 해서 이루어진다. 그리고 대화를 가능케 하는 것은 사랑이다. 사랑은 모든 관계를 의미 있게 하는 중심핵이다. 그래서 사랑이 퇴색되면 대화가 단절되고, 대화가 끊기면 이해의 벽이 더욱 두텁고 높아지게 되어 이로 인해 갈등이 생기고 긴장이 고조된다. 그리고 증폭되는 긴장과 갈등이 한계를 넘을 때 폭발하여 다툼을 일으키게 된다.

하나님은 죄로 인해 상실된 인간의 존재 의미를 회복시켜 주시기 위해 독생자 예수 그리스도를 이 땅에 보내셔서 대화의 광장을 마련해 주셨다. 그래서 누구든지 예수 앞에 나아오면 예수님을 통해 하나님과의 대화가 가능해지고 두텁고 높았던 이해의 벽이 무너지면서 긴장과 갈등도 해소받게 된다. 하나님과의 화해와 화목이 이루어지고 기쁨과 즐거움이 있는 행복한 관계가 형성되는 것이다. 하나님의 주체적 사랑이 관계 회복의 원동력이 된 것이다.

단절된 이웃과의 관계 회복도 마찬가지다. 하나님의 주체적 사랑이 성육신으로 나타나 하나님과의 관계를 회복케 한 것처럼, 하나님의 사랑을 받은 사람이 먼저 하나님의 주체적 사랑을 가지고 이웃에게 접근해야 한다. 스스로 낮아지고 가진 것을 나누며 고난도 마다하지 않는 섬김의 몸짓으로 이웃에게 다가서면, 불신과 경계의 벽은 무너지고 만다. 그러므로 이웃에게 사랑을 기대하거나 강요하지 말고 내가 먼저 사랑함으로 이웃의 기대에 부응하도록 해야 한다.

혹 만에 하나라도 이웃을 향한 부정적인 앙금이 남아 있다면 가라앉히지 말고 쏟아 버리라. 가라앉히면 여전히 번거롭고 고통스럽지만, 쏟아 버리면 평안하다. 천국과 지옥의 차이가 무엇인가? 번거롭고 고통스러운 곳이 지옥이요, 고요하고 평안한 곳이 천국이다. 그러므로 내가 먼저 하나님의 주체적 사랑으로 살아가면 이 땅에서부터 천국 생활을 누리게 되지만, 여전히 이웃을 향한 앙금을 쏟아 버리지 못하고 가라앉혀 놓으면 이 땅에서부터 지옥의 고통을 누리며 살아갈 수밖에 없다.

사랑하는 이들이여! 그대는 어떠한 삶을 살아가기를 원하는가? 천국과 지옥의 생활은 그대의 지혜로운 결단에 달려 있음을 명심하시라. 평강의 주님을 모시고 내가 먼저 이웃을 섬기라. 천국의 기쁨을 만끽하게 되리라.

잊을 것은
속히 잊어버리고
기억할 것은
길이 간직하라

사랑은 불의를 기뻐하지 아니하며
진리와 함께 기뻐하고(고전 13:6)

●●● 원숙한 신앙 인격을 지닌 사람일수록 잊어버리는 일을 잘한다. 지능 지수가 낮거나 생리적인 현상으로써의 건망증이나 치매 증세로 잘 잊어버리는 것이 아니라 사랑의 능력으로 잘 잊어버린다. 이웃에게 아무리 많은 은혜를 베풀었어도, 하나님의 일을 위해 아무리 큰일을 했어도, 또 아무리 크게 서운하게 한 일이 있어도, 원통하고 괘씸한 일이 있어도, 억울하고 분한 일이 있어도 잘 잊어버린다. 이웃의 실수나 허물도 쉽게 잊어버린다. 그러나 원숙한 신앙 인격을 갖추지 못한 사람은 잊어버리기보다는 기억을 잘한다. 지능 지수가 높아서가 아니라 옹졸 지수(?)가 높기 때문이다. 그래서 눈곱만큼 베푼 은혜도 잘 기억하고, 공치사를 하고 어쩌다 하나님의 일을 조금 하고서는 생색내기를 좋아한다. 이웃이 자신에게 조금 서운하게 한 일이나 원통하고 괘씸했던 일, 억울하고 분한 일을 잊지 못하고 되씹으면서 원망하고 불평하고 증오한다. 또 이웃

의 실수나 허물을 지워버리지 못하고 선전하며 다닌다.

원숙한 신앙 인격을 지닌 사람은 다른 면에서 기억을 잘한다. 곧 이웃으로부터 받은 은혜는 아무리 작은 것이라도 잊지 않고 기억하면서 감사를 한다. 그리고 다른 사람들이 생각할 때에는 별 것 아닌 것 같은 작은 일에도 하나님께서 주신 은혜를 잊지 않고 넘치게 감사한다. 원숙한 신앙 인격을 갖추지 못한 사람 역시 또 다른 면에서 잊어버리기를 잘한다. 이웃으로부터 받은 은혜가 크고 많음에도 불구하고 그 은혜를 쉽게 잊어버리고 감사할 줄을 모를 뿐 아니라, 심하게는 은혜를 배신으로 갚는 사람도 있다. 그리고 하나님께로부터 받은 은혜도 크고 많음에도 불구하고 감사할 줄 모르고 불평과 원망을 한다.

잊을 것은 쉽게 잊어버리고 기억할 것은 오래오래 간직하는 원숙한 신앙 인격의 사람은 하나님께나 이웃에게나 매력 있는 사람이다. 그러나 잊을 것을 잊지 못하고 기억할 것을 쉽게 잊어버리는 미숙한 신앙 인격의 사람은 하나님께나 이웃에게나 매력 없는 사람이다. 은혜 받은 성도란 매력 있는 성도를 말한다. 은혜받았다고 노래 부르듯 말하면서 잊을 것은 잊지 못하고 기억할 것은 쉽게 잊어버리는 사람은 '은혜받음'의 의미를 모르는 사람이다. 교회 안에 매력 있는 사람의 수가 많을수록 그 교회는 성숙하고 실력 있는 교회요, 이러한 교회의 수가 많을수록 사회는 밝아지고 풍요로워질 것이다.

성도여! 잊을 것은 속히 잊어버리고, 기억할 것은 영원히 간직하자. 사랑은 악한 것을 기억하지 않고 진리와 함께 기뻐하는 것이다.

서글픈 **착각**

너는 이방 나그네를 압제하지 말며
그들을 학대하지 말라
너희도 애굽 땅에서 나그네였음이라(출 22:21)

●●● '아이 자라 어른 된다'는 말이 있다. '로마는 하루 아침에 이루어지지 않았다'는 말도 있다. 무슨 일이든 쉽게 이루어지거나 완성되는 것이 아니라는 뜻이다. 그렇다. 첫술에 배부를 수 없고, 천리 길도 한 걸음부터 시작하는 것이다. 그런데 때로 사람들이 개구리가 올챙잇적 생각을 못하듯이 서글픈 착각에 빠질 때가 있다. 자기는 마치 똥오줌 안 싸고 기저귀 한 번 차보지 않고 나면서부터 어른이 된 것처럼 착각하면서 좀 부족하고 미숙한 이웃을 비웃고 업신여기고 비판하고 정죄하는 것을 본다. 이는 웃을 일이 아니라 눈물겨운 일이다. 그래서 서글픈 착각이라고 한 것이다.

그대는 언제부터 그렇게 능숙한 기능인이 되었는가? 언제부터 그렇게 원숙한 인격자가 되었는가? 언제부터 그렇게 매끄러운 자태를 갖추게 되었는가? 언제부터 그렇게 품위 있는 교양을 갖추게 되었는가? 이는 하루

아침에 된 것이 아니라 오랜 세월동안 부모와 스승과 선배들의 인내심 깊은 따뜻한 보살핌과 지도로 된 것이 아니던가. 그렇다면 이웃이 내 보기에 미숙하고 때로는 민망할 정도로 실수가 많더라도 자신의 옛 모습을 생각하면서 부모와 스승과 선배들이 나를 그렇게 대했던 것처럼 인내심 깊은 따뜻한 보살핌과 지도를 해 줌이 당연하지 않은가? 그러나 그리하질 못하기 때문에 이웃이 상처를 입고 관계에 균열이 생기는 것이다. 성령으로 거듭나고 중생했다고 해서 즉시 완전한 성결의 사람, 완전한 신앙 인격의 사람이 되는 것이 아니다. 점진적으로 그리스도의 형상을 닮아 가는 것이다. 즉 저절로 점진적 성화나 온전한 신앙 인격이 이루어지는 것이 아니라 부단한 경건 훈련과 교육을 통해서 이루어지는 것이다. 이스라엘이 애굽에서의 습성을 벗어버리기까지 무려 40년이라는 긴 세월의 광야 생활을 보냈음을 잊지 말아야 한다.

그러므로 성도 피차간에 허물과 실수, 부족한 면이 보일 때 이를 비웃고 탓하고 정죄하기 전에 그를 위하여 기도하고 사랑에서 나오는 지혜로운 조언을 아끼지 말아야 한다. 그렇게 할 때 가정도 화목하고, 교회도 평화롭고, 사회도 명랑하게 되는 것이다.

'아이 자라 어른이 되는 것'이다. 그러므로 그대가 스스로를 어른스럽다고 생각한다면, 돌이켜 '아이였을 때'를 생각해 보는 지혜를 가져야 한다. 그래야 이웃에게 군림하려는 오만의 죄를 범하지 않고 이웃을 섬기려는 겸손의 덕을 쌓게 된다. 아직도 서글픈 착각에 빠져 있는 이들이 있는가? 그렇다면 아이 자라 어른 된다는 사실을 명심하라.

당신은
토끼인가,
거북이인가

불의를 행하는 자는 그대로 불의를 행하고 더러운 자는 그대로 더럽고
의로운 자는 그대로 의를 행하고 거룩한 자는 그대로 거룩하게 하라
보라 내가 속히 오리니 내가 줄 상이 내게 있어
각 사람에게 그가 행한 대로 갚아 주리라(계 22:11–12)

●●● 잘못 쓴 글씨를 지우개로 지우고 다시 쓰듯, 그렇게 잘못 살아온 인생의 발자취를 지워버리고 다시 새로운 인생을 살 수만 있다면 얼마나 좋을까? 잘못 산 물건을 다시 물리듯, 잘못 살아온 인생도 물릴 수 있다면 얼마나 좋을까? 그렇게 할 수 있다면 다소 실수가 있더라도, 얼마의 허물을 범한다 해도 그렇게 후회스럽거나 한스럽거나 안타깝거나 초조해하거나 긴장하지 않아도 될 것이다. 그러나 인생이란 단일회적인 것이기에 되물리거나 지우고 다시 쓸 수 없어 매순간 순간을 소홀히 할 수도, 가볍게 생각할 수도, 경계와 긴장을 풀 수도 없는 것이다.

한 사람의 바르고 성실한 삶은 그가 어떠한 역사관을 가지고 있느냐에 따라서 결정된다. 그리고 내세관에 대해서 어떠한 자세를 갖느냐에 따라서 결정된다. 역사관에는 원(圓)의 역사관과 선(線)의 역사관이 있다. 원의 역사관을 따라서 살 때는 철두철미한 윤리의식을 가질 수가 없다. 왜

냐하면 반복되는 삶이기에 다시 살 수 있다는, 또 기회가 있다는 의식이 오늘의 삶에 충직하고 성실하게 임하지 못하게 한다. 반면 선의 역사관을 가지고 살면 철두철미한 윤리의식 하에 성실한 삶을 살아가게 된다. 왜냐하면 인생은 윤회전생(輪廻轉生)의 반복되는 삶이 아니요, 두 번 다시 기회가 주어지는 것이 아니기 때문에 오늘의 삶에 충직하고 성실하게 임하게 되는 것이다. 그리고 역사의 정점에서 역사의 주관자이신 하나님 앞에 자신의 삶을 결산해야 되고, 결산의 결과에 따라서 영원한 광명의 세계에서의 삶과 영원한 어둠의 세계에서의 삶이 결정되는 것을 알기 때문이다.

성경은 선의 역사를 말씀하고 있다. 그래서 마지막 날이 있다 했고, 결산의 순간, 회계의 순간이 있다 했으며, 상벌의 순간, 심판의 날이 있다고 했다. 그리고 그날에 영생과 영벌이 결정되고 영광과 수치의 상벌을 받게 된다고 했다. 성숙한 성도가 누구인가? 이 같은 성경의 가르침대로 바른 역사관과 내세관을 가지고 오늘을 성실하고 충직하게 살아가는 성도를 말한다. 적당히 세상 재미를 누리면서 스스로 지혜롭다 생각하는 약삭빠른 사람들은 성경대로의 역사관과 내세관을 갖지 못한 사람들이요, 가지고 있다 하더라도 철두철미하지 못하기 때문이다.

토끼와 거북이의 우화를 아는가? 인생의 경주는 다시 뛸 수 없다는 것을 명심해야 한다. 스스로 토끼인 양 하는 사람들이여! 잠에서 깨어나라. 그리고 스스로 거북이임을 아는 이들이여! 더욱 분발하라. 그러나 이것만은 분명히 하라. 그대는 그대 스스로를 누구라고 생각하는가? 토끼라고 생각하는가, 아니면 거북이라고 생각하는가? 전자라면 자만하지 말고 겸손하게 정진(精進)할 것이요, 후자라면 게으르지 말고 역시 정진(精進)해야 한다.

지구의 **암세포**

그런즉 누구든지 그리스도 안에 있으면
새로운 피조물이라 이전 것은 지나갔으니
보라 새 것이 되었도다(고후 5:17)

●●●● 지난 월요일에는 충북 음성군 음성읍 소여2리에 소재
하고 있는 감리교 농촌선교훈련원에 다녀왔다. 그곳에서 훈련원 총무 목
사님으로부터 오늘의 농촌 실상과 농촌 문제, 그리고 농촌 선교에 대한 야
외 강의를 들은 뒤 장소를 옮겨 교역자 회의로 모였다. 간단한 업무 보고
를 지방 총무들로부터 들은 후에 회의를 마치고 식사를 했다. 모처럼 시골
의 맑은 공기를 마시며 야외 식당에서 먹은 점심식사의 맛은 일품이었다.

그러나 마음은 음식만큼 유쾌하지가 않았다. 야외에서 들은 강의 내용
때문이었다. 전문적인 용어는 잘 모르겠지만 농약과 화학 비료의 사용으
로 흙이 죽어 가고 있고, 오염된 농산물이 인체에 미치는 피해는 말과 글
로써는 표현할 수 없는 엄청난 것이어서 너무나 큰 충격을 받았다. 땅이
살아야 곡물이 살고 곡물이 살아야 사람이 살 수 있는데, 땅이 죽어 가고
있기 때문에 곡물도 병들어 죽어 가고 있고 병든 곡물을 섭취하는 사람도

병들어 죽어 가고 있다는 내용이었다. 그래서 무엇보다도 시급한 것이 땅을 살리는 것이요, 땅을 살리려면 농촌을 살려야 하고 농촌을 살리기 위해서는 도시인들 특히 도시 교회와 도시 교회 성도들이 관심을 가지고 더욱 적극적으로 농촌 살리기 운동에 참여해야 한다는 것이었다. 그런데 농촌 살리기 운동에 적극적으로 참여하는 방법은 우리 농산물을 구매하는 것이나 그에 앞서서 더 중요한 것은 농촌에 대한 의식 전환과 농촌 운동가들과 인식을 같이 하는 것이라고 했다. 한 마디 한 마디가 절실하게 가슴에 와 닿는 말들이었다.

하지만 내 마음이 한없이 무거워진 것은, 지금 지구는 중증의 암환자 같은데 그 지구를 죽이고 있는 암세포는 바로 인간이라는 말을 듣고서부터였다. 모든 세포는 조절 능력을 가지고 있는데 유독 암세포만은 조절 능력이 없어서 제멋대로 번식하기 때문에 온 몸에 퍼지게 되고, 결국은 목숨을 잃게 된다는 것이다. 그런데 조절 능력을 상실한 이 지구를 병들어 죽게 하는 암세포가 다름 아닌 인간이라는 것이다. 오존층에 구멍이 나는 것도, 수질 오염, 토지 오염, 공기 오염으로 생태계가 급속도로 파괴되고 있는 것도, 그래서 지구를 서서히 죽게 하는 것이 바로 절제할 줄 모르는 암세포와 같은 인간 때문이란다. 지금 지구 곳곳은 어떻게 손댈 수 없을 만큼 암세포가 전이되어 있는 것이다.

이제 그에 대한 처방과 치료 방법은 오직 하나밖에 없다. 그것은 오직 예수다. 예수가 길이요, 생명이다. 인간이 사는 길은 오직 예수밖에 없다. 때문에 성도와 교회는 생명 되신 예수로 충만하여 먼저 건강해야 한다. 성도와 교회가 건강해야 인간 구원 운동, 지구 살리기 운동에 힘쓸 수 있기 때문이다. 예수로 목욕하라. 예수로 옷 입으라. 예수로 충만하라.

그대는 어떠한가? 진정 그대는 세포 조절 능력을 가지고 있는가? 신선한 지구로 소생시키기에 충분한 건강한 세포로서 존재하고 있는가? 지구의 암세포는 조절 능력을 상실한 절제할 줄 모르는 인간이란다. 사람아! 어찌하여 이 지경이 되었더란 말인가?

지구의 암세포들이여! 너나할것없이 이웃을 향해 손가락질하고 돌팔매질하기 전에 먼저 내 자신이 지구의 암세포는 아닌가 살펴보고 통회의 눈물을 토하자. 통회의 눈물만이 암세포의 번식을 막을 수 있고 죽어 가는 지구를 살릴 수 있기 때문이다.

수원수구(誰怨誰咎)

이같이 너희 빛이 사람 앞에 비치게 하여
그들로 너희 착한 행실을 보고 하늘에 계신
너희 아버지께 영광을 돌리게 하라(마 5:16)

●●●● 자식은 부모의 거울이라고 한다. 자식을 보면 그 부모
가 어떠한지를 알 수 있다는 말이겠다. 부전자전(父傳子傳)이란 말도 있
다. 대대로 아버지가 아들에게 전한다는 뜻이다. 새삼 자식들을 눈여겨본
다. 마음에 차지를 않는다. 그러나 누구를 탓하랴. 그들이 나의 모습을 그
대로 보여 주는 것이매 나의 사람됨이 그것밖에 아니 되는 것을 그 이상
무엇을 기대할 수 있겠는가? 목사는 성도의 영적인 아버지라고들 한다.
그래서 어느 교회든 성도는 그 교회의 담임목사를 닮아 간다고 한다. 그
교회 성도는 담임목사의 거울이란 말이 되겠다.

말 많은 성도를 본다. 뒷말하기를 좋아하고, 험담과 비판하기를 좋아하
고, 야하고 진한 말을 좋아하고, 매사에 부정적이고 도전적인 말을 좋아
하는 성도를 본다. 자존심 강하고 교만한 성도를 본다. 명분과 권위를 내
세우는 성도를 본다. 책임감 없고 불성실한 성도를 본다. 변명하며 핑계

대기를 좋아하는 성도를 본다. 명예와 높은 자리를 좋아하는 성도를 본다. 실속 없이 허풍 떠는 성도를 본다. 말의 잎과 꽃은 무성하고 화려하나 생활의 열매가 없는 성도를 본다. 원한을 품고 풀지 못하는 성도를 본다. 다투기를 좋아하는 성도를 본다. 영적인 경건 생활에 게으른 성도를 본다. 성경을 읽지도 배우지도 않는다. 기도의 무릎을 꿇지 않는다. 절제하지를 않는다. 그래도 형식과 절차는 챙기려 드는 성도를 본다. 혈기 많은 성도를 본다. 잘 토라지고 삐죽이는 성도를 본다. 앞에서 "아!" 하고 돌아서서 "어" 하는 두 말을 잘 하는 성도를 본다. 욕심 많은 성도를 본다. 자신과 가족에게는 아주 후하지만, 하나님과 이웃에게는 아주 인색한 성도를 본다. 자신의 잇속은 어김없이 챙기는 계산적인 성도를 본다. 마음의 단장이나 맑은 영성을 위한 관심보다는 외모를 꾸미고 사치와 허영에 더 많은 관심을 갖는 성도를 본다. 자신의 일에는 매우 분주하게 움직이나 하나님의 일에는 전혀 움직이지 않는 성도를 본다. 주초를 비롯해 옛 습관을 버리지 못하고 괴로워하거나 오히려 합리화시키려는 성도를 본다. 쉽게 좌절하고 낙망하는 성도를 본다. 하나님의 사랑의 채찍을 깨닫지 못하고 자기 뜻대로 고집스럽게 살아가는 우둔한 성도를 본다. 의무는 감당할 생각도 아니 하고 권리만을 주장하는 성도를 본다. 책임질 일은 회피하고 빛 볼 일에는 얼굴을 내미는 성도를 본다. 입으로만 일하고 손발은 전혀 움직이지 않는 성도를 본다. 자기 집 관리에는 세심한 관심을 기울이나 교회 관리에는 무신경한 성도를 본다. 세속적인 명문 혈통은 자랑하나 예수 그리스도의 혈통은 부끄러워하는 성도를 본다. 말씀이 선포되는 설교 시간에 졸지 않으면 멍청하게 다른 생각에 깊이 잠겨 있는 성도를 본다. 정에 얽매여서 시시비비를 바로 분별하지 못하고 아첨하는 성도를 본다. 사랑과 감사를 말하나 사랑의 흔적이나 감사의 열매를 찾아볼 수 없는 성도를 본다. 자신의 실수나 허물을 인정하지 않고 굳이 변명하고 책임을 전가시키려는 성도를 본다. 무리 지어 당을 만들고 편을 가르는 성도를 본다. 세상에서의 체면은 소중하게 여기나 하나님과 교회 앞에서의 체면은 소홀하게 여기는 성도를 본다. 사명의 자리를 지키기보다는 사명의 자리를 피하고 떠나려는 성도를 본다. 내 편인 사람은 모든 것을 좋게 보고 옳다고 하지만, 내 편이 아닌 사람에게는 매사를 부정적으로 말하는 성도를 본다. 이 모든 모습이 바로 나의 모습일진대 누구를 향해 수원수구(誰怨誰咎)하랴! 이 모든 것이 나의 부족이요, 허물인 것을….

그러나 성도여, 이것만은 명심하자. 우리 모두가 하나님을 아버지로 부르는 하나님의 자녀라 한다면 나는 바로 하나님의 거울이 아닌가? 나를 보아서 하나님이 어떠한 분임을 만인이 알 수 있어야 하는데 앞서 말한 모습들은 결코 하나님의 형상이 아니지 않은가? 우리 모두 각자 주어진 삶의 현장, 삶의 무대에서 하나님의 모습을 유감없이 연출해 내는 하나님의 위대한 연기자로 살아가자.

풍요 속에
가득한 **행복**

무릇 더러운 말은 너희 입 밖에도 내지 말고
오직 덕을 세우는 데 소용되는 대로 선한 말을 하여
듣는 자들에게 은혜를 끼치게 하라(엡 4:29)

● ● ● 인간 사회의 참된 행복은 언어 통일에 있다. 범죄 이
전의 에덴의 언어로 통일되어야 한다. 통일된 언어라도 바벨탑을 쌓는 일
로 통일되어서는 안 된다(창 11:1-9). 신령한 일은 신령한 사람들의 신령
한 언어로만 통하고 이해된다. 한 가족이라도 신령한 언어로 통일되지 않
으면 화목한 가정을 이룰 수 없다. 분쟁이 끊이질 않는다. 가정의 행복이
나 인류의 평화는 신령한 언어의 통일에 달려 있다. 언어는 마음의 표현
이다. 악한 마음을 가진 사람이 선한 말을 할 수 없고, 선한 마음을 가진
사람이 악한 말을 할 수 없다. 마음에 있는 것이 말로 나타나기 때문이다.
그래서 선한 사람은 그 쌓은 선에서 선한 것을 내고, 악한 사람은 그 쌓은
악에서 악한 것을 내는 것이다.(마 12:34-35)

예수의 마음을 가지라(빌 2:5). 예수의 마음을 가질 때 예수의 말을 할
수 있다. 예수의 마음을 가지고 예수의 말을 할 때 거기에 다툼이 있을 수

없다. 성도는 예수의 마음을 가진 자다(고전 2:16). 예수를 믿어 예수의 마음을 가진 사람은 혀가 달라진다(막 16:17). 그런데 참으로 이상한 것은, 예수를 믿어 예수의 마음을 가진 성도들 사이에 대화가 잘 이루어지지 않는다는 것이다. 언어 소통이 되지 않는 것이다. 왜 그럴까? 이유는 간단하다. 미숙과 성숙의 차이다. 대학생들이 주고받는 깊이 있는 말을 유치원 아이들이 알아듣지 못하는 것과 같다. 아직 믿음이 미숙한 성도는 성숙한 믿음의 성도가 하는 말을 이해하지 못한다. 사람의 일을 앞세우는 미숙한 성도가 하나님의 일을 앞세우는 성숙한 성도의 말을 알아듣지 못하는 것은 아주 정상적인 현상이다. 그러므로 대학생이 유치원 아이가 알아듣도록 인내심을 가지고 쉬운 말을 골라서 설명하듯, 성숙한 믿음의 사람은 인내심을 가지고 미숙한 믿음의 사람이 이해할 수 있도록 쉬운 말로 바르게 깨우치고 잘 인도해야 한다. 말귀를 알아듣지 못한다고 대학생이 유치원생을 나무란다면 이는 유치원 학생보다 대학생이 더 어리석은 것이다. 마찬가지로 성숙한 믿음의 사람이라 자처하면서 미숙한 성도가 이해하지 못한다고 나무라거나 침묵한다면 이 역시 성숙한 믿음의 성도라고 자처하는 사람이 오히려 더 어리석은 자리에 머물러 있는 것이다.

예수의 마음으로 언어가 통일되도록 힘써 예수를 전해야 한다. 그리고 깊고 높은 수준의 언어 소통을 위해서 성숙한 믿음의 성도가 되기를 힘써야 한다. 풍요 속에 가득한 행복은 성숙한 언어의 통일이 있는 곳에서 이루어짐을 명심하라.

행복은
매이지 않는
삶에 있다

내가 이르노니 너희는 성령을 따라 행하라
그리하면 육체의 욕심을 이루지 아니하리라(갈 5:16)

● ● ● 고통은 만족을 모르는 욕심에서 온다. 욕심은 끝이 없다. 마치 무덤과 같고 아궁이와 같다. 온 인류의 주검을 다 삼킨다 해도 여전히 무덤은 입을 벌린다. 이 땅에 있는 고체든 액체든 기체든 모든 연료를 다 삼킨다 해도 아궁이 역시 계속해서 입을 벌린다. 말을 타면 경마 잡히고 싶은 것이다.

"거머리에게는 두 딸이 있어 다오 다오 하느니라. 족한 줄을 알지 못하여 족하다 하지 아니하는 것 서넛이 있나니 곧 스올과 아이 배지 못하는 태와 물로 채울 수 없는 땅과 족하다 하지 아니하는 불이니라."(잠 30:15-16)

욕심의 실체는 갖고자 함이 아니라 버리지 못함이다. 그러므로 만족을 모르는 욕심에서 오는 고통은 소유하지 못함에서 비롯되는 것이 아니라 버리지 못함에 그 원인이 있는 것이다. 평안을 원하는가? 잘 버려야 한다. 만족을 원하는가? 포기를 잘해야 한다. 버리고 포기함이 무엇인가?

당신은 그리스도의 제자 맞습니까?

이는 곧 십자가를 짐이다. 예수님을 따름이다. 예수님은 하늘 영광을 버리셨다. 하나님과 동등 됨을 포기하셨다.

"너희 안에 이 마음을 품으라. 곧 그리스도 예수의 마음이니 그는 근본 하나님의 본체시나 하나님과 동등됨을 취할 것으로 여기지 아니하시고 오히려 자기를 비워 종의 형체를 가지사 사람들과 같이 되셨고 사람의 모양으로 나타나사 자기를 낮추시고 죽기까지 복종하셨으니 곧 십자가에 죽으심이라."(빌 2:5-8)

"이에 예수께서 제자들에게 이르시되 누구든지 나를 따라오려거든 자기를 부인하고 자기 십자가를 지고 나를 따를 것이니라. 누구든지 제 목숨을 구원하고자 하면 잃을 것이요 누구든지 나를 위하여 제 목숨을 잃으면 찾으리라."(마 16:24-25)

그러므로 미련 없이 버리라. 과감하게 던져 버리라. 버림이 무엇인가? 버림은 매이지 아니함이다. 매임으로 고통이 있는 것이다. 무엇에나 매이지 아니할 때 자유함이 있고 만족이 있고 평안이 있다. "내가 궁핍하므로 말하는 것이 아니니라. 어떠한 형편에든지 나는 자족하기를 배웠노니 나는 비천에 처할 줄도 알고 풍부에 처할 줄도 알아 모든 일 곧 배부름과 배고픔과 풍부와 궁핍에도 처할 줄 아는 일체의 비결을 배웠노라."(빌 4:11-12)

매이지 않는 자유한 삶은 진리의 말씀과 성령의 능력 안에서만 가능하다. 주의 영이 계신 곳에는 자유함이 있다(고후 3:17). 진리가 자유케 한다(요 8:32). 내게 능력 주시는 자 안에서 내가 모든 것을 할 수 있다(빌 4:13). 만족과 평안과 복된 삶은 무욕(無慾)에 있다. 버림에 있다. 십자가를 짐에 있다. 예수님을 따름에 있다. 매이지 않음에 있다. 진리와 성령 안에 자유가 있다. 그러므로 성령 안에 거하라. 성령의 인도를 받으라.

예수의
마음 한가운데
그곳에서 **만나자**

●●● 찢기고 씹혀 시원해 한다면 나는 달갑게 찢기고 씹히리라. 밟히고 짓눌려 모두가 만족해한다면 나는 달갑게 밟히고 짓눌리리라. 내가 오물을 뒤집어써서 모두가 존귀하게 된다면 나는 달갑게 오물을 뒤집어쓰리라. 내게 핍박이 없음은, 내게 고난이 없음은 주님을 향한 움직임이 없기 때문이러니, 내게 핍박이 있고 고난이 있다면 이는 아직도 주님을 향한 사랑의 미동이 내게 있음을 증거하는 것이매 나는 달갑게 핍박과 고난을 맞으리라.

뒹굴고 싶다. 그 누구든 허허로운 마음으로 힘껏 부둥켜안고 뒹굴고 싶다. 초원이든 가시덤굴이든 서로의 마음을 읽을 수 있는 사람과 눈물 나도록 통쾌하게 웃으며 마음껏 뒹굴고 싶다. 천길 나락으로 떨어지듯 이토록 고독의 심연 깊은 곳으로 인도하는 손길은 좌절케 하는 사탄의 손길일까, 아니면 사랑의 주 예수 그리스도의 깊은 품으로 안내하는 천사의 손길일까? 몸부림쳐 참을 보려 해도 눈에 비치는 것은 바위와 안개일 뿐 답답하기만 하구나! 울고 싶다. 목놓아 울고 싶다. 날아라. 훨훨 날아라. 풍요의 보금자리를 찾아 훨훨 날아라. 내가 머무는 이곳은 돌쩌귀도 없는 거적때기 문에 군불 피워 한기를 몰아낼 구들도 없는 승냥이 집 같은 황량한 곳이라 한다면 어찌 묶어둘 수 있으리. 그래도 여기 나사렛 예수의 마음과 마음이 만날 수만 있다면, 겟세마네 동산의 예수의 무릎과 무릎이 마주할 수만 있다면, 골고다의 예수의 뜻과 뜻이 연합할 수만 있다면 돌쩌귀도 없는 거적때기 문이라도 여기가 천국이 아니겠는가? 관용과 섬김이 없는 곳이 지옥일진대 사랑 없는 발걸음에 어찌 홍복(洪福)이 따르리오.

사람이 그립다. 정말 사람이 그립다. 너울 벗은 사람이 그립다. 왜 이리 불안하고 두려운가? 동서남북 어디를 봐도 삼지창 때문이 아닌가? 하늘을 보라. 힘써 하늘을 우러르자. 거기 참의 근본이 계시며 거기 사랑의 원천이 계시매 힘써 하늘을 바라보자. 그리고 빛으로 오신 그분을 환영하고 모셔 들이라.

오소서. 주 예수 그리스도시여! 주만이 나의 모든 것이니이다. 위로와 기쁨을 주실 이도, 소망과 힘을 주실 이도, 평안과 용기를 주실 이도 나의 주 예수 그리스도시며 내게 안식을 주실 이도 주 밖에 없나이다. 오셔서 내 마음 중심에 좌정하소서.

오라. 모두 오라. 나와 너, 그리고 우리 모두 서로의 아집의 탈을 벗자. 그리하여 예수의 마음 한가운데 그곳에서 진정 형제와 동지로서 만나자. 너와 나, 그리고 우리 모두 예수 안에서 하나 됨을 확인하자. 오, 주여! 우리 모두에게 자비를 베푸소서. 감격의 그 순간을 곧 허락하소서. 사이(間) 없는 만남이 속히 있게 하소서.

사람아, 사람아, 사람아….

줄을 잘 서야
성공한다

이제 내가 사람들에게 좋게 하랴
하나님께 좋게 하랴 사람들에게 기쁨을 구하랴
내가 지금까지 사람들의 기쁨을 구하였다면
그리스도의 종이 아니니라(갈 1:10)

●●● 세상에서 출세와 성공은 줄을 잘 서야 되는 것으로 인식되어 있다. 맥을 잘 잡아야 한다는 말이다. 특히 정치마당에서는 더욱 그러한 것 같다. 당권이나 정권이 바뀔 때마다 어떤 사람은 줄을 잘 선 덕에 빛을 보는가 하면, 어떤 사람은 맥을 잘못 잡았다가 선 과일이 대풍에 떨어지듯 그렇게 쓰러져 가는 것을 본다. 영적 생활에서도 줄을 잘 서야 한다. 맥을 잘 잡아야 한다. 사도 베드로와 요한은 그 당시 정치 지도자들과 종교 지도자들로부터 예수 이름을 전하지도 말고 예수 이름으로 아무것도 하지 말라며 위협적인 경고를 받는다. 그때 베드로와 요한이 당당하게 한 말이 있다.

"하나님 앞에서 너희 말을 듣는 것과 하나님의 말씀을 듣는 것 중에 어느 것이 하나님께 옳은가 판단해 보라. 우리는 하나님 앞에 옳은 것을 행할 뿐이다."

베드로와 요한은 하나님 앞에 줄을 섰다. 하나님의 맥을 잡은 것이다. 그래서 그들은 오고 오는 모든 세대에서 흠숭을 받는 대사도가 되었다. 만약에 사람을 두려워하여 하나님 아닌 사람에게 줄을 섰다면, 사람의 맥을 잡았다면 가룻 유다나 본디오 빌라도 같이 저주스러운 이름으로 입에 오르내리게 되었을 것이다. 성경에 말씀하기를 "사람을 두려워하면 올무에 걸리게 되거니와 여호와를 의지하는 자는 안전하리라."(잠 29:25)고 했다.

사도 바울도 이렇게 고백하고 있다. "내가 지금 사람들의 마음을 기쁘게 하려 하고 있습니까? 아니면, 하나님의 마음을 기쁘게 해 드리려 하고 있습니까? 아니면, 사람의 환심을 사려고 하고 있습니까? 내가 아직도 사람의 환심을 사려고 하고 있다면, 나는 그리스도의 종이 아닙니다."(갈 1:10)

오늘날 한국 교회가 1200만의 성도를 자랑하고 있음에도 사회와 역사 앞에 무기력한 모습으로 비쳐지는 것은, 하나님께 옳게 보이려고 하는 것이 아니라 사람에게 옳게 보이려고 하고 시류(時流)에 적당히 편승하려고 하기 때문이다. 이는 성공과 출세의 개념을 통속적(通俗的)으로만 인식하고 있기 때문이다. 그러나 성도의 성공은 하나님께 인정받는 삶을 사는 것이다. 그러므로 지혜로운 성도는 때로 힘들고 어려워도 '하나님께서 보실 때 옳은 삶'을 살려고 최선을 다한다. 자신의 삶과 맡겨진 사명에 충성을 다한다. 칭찬이 사람에게서가 아니라 하나님께로부터 있기 때문이다(고전 4:5). 사람에게 옳게 보이려고 사람의 눈치를 살피고 사람을 의식하며 살 때에는 위선자가 되기 쉽다. 그러나 하나님께 옳게 보이려고 하나님의 눈치를 살피고 하나님을 의식하며 살 때에는 진실과 정직과 의로운 삶을 사는 바른 인생이 되는 것이다. 이러한 삶을 사는 성도는 하나님을 기쁘시게 해 드릴 뿐만 아니라 사람들에게도 인정을 받는다.(롬 14:8)

성도여! 그대는 어떠한가? 언제 어디서 누구와 무엇을 하든지 매사에 하나님 앞에 옳은 삶을 살려고 힘쓰고 있는가? 그대는 언제나 하나님께서 인정하시는 삶이 성공적인 삶이요, 복된 삶이라는 것을 명심해야 한다. 성도는 어떠한 경우라 할지라도 하나님께 선을 대 줄을 서야 한다. 하나님의 맥을 잡아야 한다. 그래야 마지막에 웃을 수 있고, 이 땅에서도 하나님의 도우심의 은혜 안에서 모든 일이 잘 된다.

지금 이 순간에 그대의 생각과 말과 행동은 하나님 앞에 옳은 것인가?

영광의 상처와
부끄러운 상처

우리를 시험에 들게 하지 마시옵고
다만 악에서 구하시옵소서(마 6:13)

●●● 다원화된 무한 경쟁과 치열한 생존 경쟁의 마당(場)에서 크고 작은, 그리고 많고 적은 상처를 주고받으며 살아가는 것이 오늘의 인생이다. 때로는 기사회생(起死回生)이 불가능할 정도로 큰 상처를 입고 끝내는 삶을 포기하는 지경에까지 이르는 경우도 허다하다. 상처를 주고받는 삶의 마당(場)은 주로 경제관계, 인간관계, 건강관계의 마당이다. 행복한 인생이란 구체적인 삶의 마당에서 상처가 없는 삶, 또는 상처가 최소화된 삶을 살아가는 것이다. 그래서 건강한 의식을 가진 사람은 최선을 다해서 상처가 없는 삶, 상처가 최소화된 삶을 살아가려고 노력한다. 그래도 주고받는 상처가 있기에 자책감에 통분하기도 하고 아픈 마음에 위로 받기를 기대하기도 한다.

대부분의 그리스도인들도 삶의 현장에서 받은 이런 저런 상처를 교회에 나와 치유받기를 원한다. 상처를 치유받으면 은혜받았다고 기뻐하기도 하고, 어떤 이는 상처의 치유를 받지 못하고 오히려 더 큰 상처를 받았다고 하면서 불평불만을 표출하며 실족하기도 한다. 그런데 중요한 것은 상처를 받았을 때에 그 받은 상처에 대한 바른 인식을 가져야 한다는 것이다. 그래야 상처에 대한 근본적인 치유를 받게 되어 건강하고 행복한 삶을 살아갈 수 있다.

그렇다면 치유받아야 할 상처는 무엇을 말하는가? 인간은 누구나 끊임없는 사건의 도전을 받으면서, 그리고 그 사건에 반응하면서 살아간다. 그런데 사건에 반응할 때에 사건이 사건으로 끝나는 사람이 있는가 하면, 사건이 문제가 되는 사람이 있다. 상처란 바로 사건이 사건으로 끝나지 않고 사건이 문제가 되는 것을 말한다. 예를 들면 인간관계에 있어서 상대로부터 멸시와 천대 등 심한 모욕을 받았다. 이것은 사건이다. 아직은 상처가 아니다. 여기에 분노와 증오로 적개심을 갖는다든지, 그 적개심이 표면으로 분출해서 욕설을 퍼붓거나 다툼을 일으켰다면, 이는 사건이 문제가 된 것이고 이것이 바로 상처인 것이다. 마귀의 공격으로 심령에 흠집이 생겼기 때문이다. 그런데 이 같은 상처에 대한 바른 인식 없이 무조건 교회에 와서 치유받기를 원한다. 여기에 우려가 되는 교회 안의 심각한 문제가 있는 것이다. 상처와 치유에 대한 잘못된 인식으로 실족하는 일이 있기 때문이다.

그러면 어떻게 해야 치유가 되고, 위로와 힘을 얻게 될까? 방법은 하나다. 소금과 같은, 회개케 하는 하나님의 말씀이다. 즉 많은 성도들이 회개케 하는 말씀이나 회개 없이 상처의 치유를 받으려 했기 때문에 행복한 그리스도인의 삶을 살아가지 못했던 것이다. 모욕이라는 사건을 만났을 때 마귀는 분노, 적개심이라는 무기로 공격해 온다. 이때 이것까지 참으라는 주님의 말씀, 그리고 그를 위해 복을 빌어 주라는 십자가 사랑의 말씀으로 방어하면 결코 상처를 입지 않는다. 모욕이라는 사건에 상처를 입은 것은 주님의 십자가 사랑의 말씀을 버리고 마귀가 공격해 오는 분노와 적개심의 무기를 무방비로 받아들였기 때문이다. 그러므로 마귀의 공격으로 입혀진 상처에 소금 같은 말씀이 뿌려질 때에 쓰리고 아프다 할지라도 십자가의 사랑의 말씀을 저버리고 마귀의 공격을 받아들인 자신의 행위를 인정하고 주님께 자백하며 긍휼의 은총을 구하도록 하자. 그리하면 어느새 상처는 치유되고 보다 건강하고 성숙한 심령으로 거듭나게 될 것이다.

기억하라. 회개가 있는 상처는 영광의 상처요, 회개가 없는 상처는 부끄러운 상처다.

기도,
주님과의 **사랑의**
농도를 측정하는
바로미터

우리 하나님 여호와께서 우리가 그에게 기도할 때마다
우리에게 가까이 하심과 같이 그 신이 가까이 함을 얻은
큰 나라가 어디 있느냐(신 4:7)

●●●종말의 시대를 살아가는 성도들에게 무엇보다도 절실한 것은 기도다. 어느 시대나 사탄은 역사했지만, 지금은 자신이 활동할 수 있는 시기가 얼마 남지 않은 줄을 알고 사탄이 그 어느 시대보다도 강력하게 도전해 오기 때문이다. 잠시라도 방심하면 우는 사자처럼 두루 다니며 삼킬 자를 찾는 마귀에게 치명적인 상처를 입게 되고 자칫 생명까지도 위태롭게 된다. 그래서 잠자지 말고 깨어 근신하며 기도하라고 하는 것이다. 기도는 노를 젓는 것과 같다. 노 젓기를 멈추면 배가 육지로 되돌아오듯이 기도를 멈추면 육적인 옛 생활로 되돌아가게 된다. 기도는 노동과 같다. 힘들어서 노동과 같은 것이 아니라 하나님은 기도하는 사람을 통해서 일하기를 기뻐하신다. 그러므로 기도는 바로 하나님의 일을 하는 것이다. 반대로 기도하지 않는 것은 하나님의 일을 방해하는 엄청난 실수를 범하는 것이다. 또 기도는 호흡하는 것이다. 호흡하기를 멈추면 답답하

고 괴롭다. 그리고 그것이 길어지면 끝내는 죽고 만다. 영혼의 호흡인 기도도 마찬가지다. 기도하기를 멈추면 답답하고 괴롭다. 그리고 그 기간이 길어지면 끝내는 가장 무서운 질병인 영적 불감증에 걸리게 된다. 기도는 방패와 같다. 하나님께서는 기도하는 자에게 그의 사자들을 보내어 지켜 주신다. 기도는 파이프와 같다. 기도를 통해서 성령의 기름 부음을 충만하게 받게 되기 때문이다. 기도는 천국의 보고를 여는 열쇠다. 기도를 통해서 필요가 채워지고 사건과 문제를 해결받게 된다. 기도는 믿음의 뿌리를 생수 깊이 내리게 하는 촉매제다. 기도로 믿음의 뿌리를 깊이 내린 사람은 어떠한 역경과 환란과 핍박의 쓰나미나 토네이도에도 넘어짐이 없다.

기도는 본질적으로 사랑하는 주님과 대화하는 것이다. 기도는 결코 무엇을 받아 내는 도구나 수단이 아니다. 기도는 사랑하는 주님과 나누는 사랑의 밀어다. 사랑의 밀어를 나누는 가운데 성화가 되고, 사랑의 밀어를 나누는 가운데 필요를 채워 주신다. 사랑이 무엇인가? 사랑은 서로가 기뻐하고 즐거워하는 것이다. 사랑은 결코 서로에게 부담이 되거나 짐이 되지 않는다. 따라서 사랑하는 주님과 사랑의 밀어를 나누는 기도도 주님을 사랑하는 사람에게는 결단코 부담스럽거나 짐스럽지가 않다. 기도가 즐겁고, 기도 시간이 그리워진다.

기도하라는 말이 짐이 되고 부담스러운가? 그렇다면 주님을 사랑한다는 당신의 고백은 거짓이다. 거짓이 아니라면 지금 주님을 향한 당신의 사랑은 싸늘하게 식어 있는 것이다. 무엇보다도 시급하게 회복해야 한다. 세상을 향한 창문을 닫으라. 그리고 주님을 향한 창문만 활짝 열라. 세속적인 관심 때문에 주님을 소홀히 했음을 자백하고, 다시 주님께 사랑을 고백하고 주님을 환영하라. 당신의 삶은 곧 상쾌하게 될 것이다. 기도는 하나님의 사랑의 관계와 사랑의 농도를 측정하는 바로미터(barometer)다.

인생은
NG 없는 생방송

스스로 속이지 말라
하나님은 업신여김을 받지 아니하시나니
사람이 무엇으로 심든지 그대로 거두리라(갈 6:7)

●●● 사후(死後)에 사람들로부터 '주님을 참으로 사랑했던 사람, 그리고 하나님께서 주신 사명을 멋지게 감당했던 사람'이라고 기억되고 평가받기를 소원하면서, 최선을 다해 아름다운 삶을 연출하며 살아가는 사람이 있다. 현역 육군대령으로 육군대학 교수이면서 자운교회 장로로 시무하고 있는 노병천이란 분이다. 그의 저서인 「박정희 마지막 신앙 고백」이라는 책을 보면 감동적인 그의 삶을 만날 수 있다.

'호랑이는 죽으면 가죽을 남기고 사람은 죽으면 이름을 남긴다'고 한다. 그런데 문제는 어떠한 이름을 남기느냐 하는 것이다. 아름다운 내용으로 이름을 남기느냐, 아니면 추한 내용으로 이름을 남기느냐 하는 것이다. 세종대왕이나 성웅 이순신 같은 분들은 아름다운 내용으로 이름을 남긴 분들이다. 도산 안창호나 안중근 의사 같은 분들도 아름다운 내용으로 이름을 남긴 분들이다. 그러나 매국노 이완용이라든지, 배신자 김질이라든지, 폭군 연산군 같은 이들은 추한 내용으로 이름을 남긴 사람들이다.

당신은 어떤가? 폭을 넓히거나 먼 곳까지는 그만두고, 좁고 가까운 위치에 있는 가족들에게 어떻게 평가되리라 생각하는가? 당신이 별세한 후 일 년이 지나 가족들이 한 곳에 모여 당신을 추모하며 예배를 드릴 때, 가족들이 당신을 어떻게 평가하면서 추모하리라 생각하는가? 물론 가족이기 때문에 추한 내용보다는 아름다운 내용들을 추억하면서 선하게 평가할 것이다. 그러나 어떤가? 가족들이 당신을 선하게 평가할 때 가족들의 선한 평가에 당신은 부끄러움 없이 동의할 수 있겠는가?

사람은 누구나 자신의 삶을 있는 그대로 나타내는 원고지와 도화지 위에서, 그리고 오선지 위에서 활동하며 살아간다. 삶이 그대로 원고지에 이야기로 기록되고, 도화지에 그림으로 그려지고, 오선지에 멜로디로 흐르게 된다. 당신의 지금까지의 삶이 원고지와 도화지와 오선지에 올려진다면 어떠한 이야기, 어떠한 그림, 어떠한 멜로디로 나타나리라 생각하는가? 좋은 이야기일까, 나쁜 이야기일까? 아름다운 그림일까, 추한 그림일까? 감미로운 멜로디일까, 시끄러운 멜로디일까? 당신은 어떠한 사람으로 평가 받기를 원하고, 어떠한 사람으로 기억되기를 원하는가? 진정 이 세상에서 선한 사람으로 기억되기를 원하고, 그리고 마지막 주님 앞에서 좋은 평가받기를 원한다면 최선을 다해서 좋은 이야기를 엮어 가고, 아름다운 그림을 그려 가고 그리고 감미로운 멜로디를 남기기를 힘쓰라. 잘못 쓴 글씨는 지우고 고쳐서 다시 쓸 수 있다. 그러나 잘못된 삶은 지울 수가 없다. 인생의 삶은 NG가 없는 생방송임을 명심해야 한다. 당신의 삶은 생활 그대로 흔적으로 남게 된다. 그러므로 한 번 주어진 시간과 기회를 놓치지 말고 주어진 시간, 주어진 기회를 꽉 잡아 선용하라. 그리하면 이 세상에서도 선하게 추억되며, 주님 앞에서도 좋은 평가를 받게 될 것이다.

성공한 사람과
훌륭한 사람

내가 진실로 진실로 너희에게 이르노니
한 알의 밀알이 땅에 떨어져 죽지 아니하면
한 알 그대로 있고 죽으면
많은 열매를 맺느니라(요 12:24)

●●● 성공한 사람이 훌륭한 사람이 아니라 훌륭한 사람이 성공한 사람이다. 말장난 같지만 사실이다. 주변을 돌아보면 성공했다고 목과 어깨에 힘이 들어가 있는 사람을 심심치 않게 만날 수 있다. 그러나 존경과 사랑의 마음으로 우러러 볼 수 있는 훌륭한 사람은 그렇게 쉽게 찾아 볼 수 없다.

우리는 흔히 소기의 목적을 이루었을 때 성공했다고 말한다. 정치 지망생이 국회의원 배지를 달게 되면 성공한 것으로 생각한다. 고시원에서 불철주야로 고시 준비를 하던 사람이 사법고시나 행정고시에 합격해서 판검사가 되고 고위 공직자가 되면 성공했다고 생각한다. 가난이 한이 되어서 부지런히 일하여 많은 돈을 벌고 큰 기업체를 세우면 성공했다고 생각한다. 학문의 금자탑을 이루어 박사학위를 받고 대학교수가 되면 성공했다고 생각한다. 힘들고 고달픈 의학을 공부하고 연수 과정을 마친 연후에 목에 청진기를 걸고 흰 가운을 입은 전문의가 되면 성공했다고 생각한다. 운동선수로서 금메달을 목에 걸거나 챔피언 벨트를 허리에 차면 성공했다고 생각한다. 이처럼 각각의 분야에서 소기의 목적을 이루었을 때 성공했다고 생각하면서 자랑스러워한다.

그러나 아직은 성공했다고 조급한 판단을 해서는 안 된다. 참된 성공은 그가 얼마나 가치 있는 삶을 살아가고 있느냐에 달려 있기 때문이다. 가치 있는 삶이란 어떠한 삶인가? 가치 있는 삶이란 '꼴'대로의 삶을 말한다. 소위 '꼴값'이라고 하는 것이다. '꼴값'을 해야 비로소 훌륭하게 성공한 사람이다. 꼴값을 하는 사람은 성공을 자랑하며 누리는 사람이 아니다. 꼴값하는 사람은 자신을 성공하게 한 사회 앞에 겸손하게 그 성공을 제물로 내놓는 사람이다. 곧 자신을 희생해서 많은 사람들을 유익하게 하는 삶을 살아가는 사람이다. 이러한 사람이 값있는 삶, 가치 있는 삶, 꼴값하며 사는 훌륭한 성공자인 것이다. 유한양행의 창업주인 '유일한'같은 분이다. 박사학위를 네 개나 가지고 있으면서도 아프리카 밀림의 미개한 흑인들의 건강을 위해서 헌신한 슈바이처나 한국의 슈바이처라고 일컬어지는 장기려 박사 같은 분들이다. 평생을 핍박받으며 감옥 생활을 했지만 정권이 바뀌고 최고 통치자가 되었을 때 핍박자들을 관용하고 품었던 남아공의 만델라 대통령 같은 분들이다.

당신은 어떤가? 성공한 인생이라고 생각하는가? 성공했다면 훌륭한 인생이라고 생각하는가? 그리고 성공을 원한다면 어떠한 성공을 원하는가? 성공한 사람이 훌륭한 사람이 아니라 훌륭한 사람이 성공한 사람임을 잊지 말고 기억하라. 훌륭한 사람은 자신의 성공을 죽여 많은 이들을 유익하게 하는 사람이다.

교만은 짝퉁 그리스도인의 표식이요,
겸손은 진품 그리스도인의 표식이다.
당신은 생배추 같은 진품 그리스도인인가,
아니면 플라스틱 같은 짝퉁 그리스도인인가?
하늘에서 큰 자는 겸손한 자임을 잊지 말고
기억하면서 더욱 겸손하기를 힘쓰라.

4

하늘에서
큰 자

못된 송아지
엉덩이에
뿔난다

내게 주신 은혜로 말미암아 너희 각 사람에게 말하노니
마땅히 생각할 그 이상의 생각을 품지 말고
오직 하나님께서 각 사람에게 나누어 주신
믿음의 분량대로 지혜롭게 생각하라(롬 12:3)

●●●● 남유다 왕국에 웃시야라는 왕이 있었다. 그는 재위 초기에 겸손하게 하나님을 경외하며 국정을 건실하게 수행해 갔다. 그래서 하나님의 은총으로 나라가 강성해지고 국력이 크게 신장되었다. 그런데 웃시야에게 자신도 모르는 사이에 우쭐하는 마음이 생겼다. 마음이 교만해지니까 분수에 지나는 일임에도 막무가내로 자기 의지를 펼쳐 나갔다.

하나님께 제사 드리는 일은 제사장만이 할 수 있는 일이었다. 그런데 웃시야 왕은 넘어서는 안 될 선을 넘고 말았다. 제사장만이 할 수 있는 분향하는 제사 행위를 한 것이다. 이 보고를 들은 대제사장이 급히 달려가 웃시야 왕의 제사 행위를 중단하도록 만류했다. 그러나 웃시야 왕은 오히려 분노하면서 제사 행위를 강행하려 했다. 그 순간 웃시야의 이마에 문둥병이 발병하였다. 하나님께서 치신 것이다. 제사장들이 왕을 급히 성전 밖으로 끌어 냈다. 웃시야 왕은 그 순간 이후로 별궁에 유폐되어 남은 생애를 불행하게 지내다가 삶을 마감했다.

'못된 송아지 엉덩이에 뿔난다'는 속담이 있다. 되지도 못하고 된 척, 난 척하면서 젠체하는 사람을 빗대어 하는 말이다. 이러한 사람을 꼴불견이라고도 한다. 어느 공동체에서나 이러한 사람들을 심심치 않게 만날 수 있다. 신앙 공동체인 교회 안에서도 이러한 꼴불견의 사람을 종종 만나게 된다. 사사기에 보면 나무들이 감람나무, 무화과나무, 포도나무를 차례로 찾아가서 자신들의 왕이 되어 달라고 했다. 그러나 그들은 하나같이 자신들의 위치에서 자신들이 해야 할 몫이 있다고 하면서 겸손하게, 그리고 정중히 거절했다. 나무들이 이번에는 가시나무를 찾아가서 우리들의 왕이 되어 달라고 했다. 가시나무는 제 분수를 모른 채 우쭐거리면서 자기 그늘로 들어와서 자기의 통치를 받으라고 하는 기사가 기록되어 있다.

이 세상의 모든 존재에게는 자신이 지켜야 할 자리와 몫이 있다. 각기 자기의 분수를 지킬 때 세상은 조화를 이루고 아름다워진다. 그러나 분수에 지나는 행동을 하면 조화는 깨지고 추한 세상으로 변한다.

오늘의 사회와 교회가 이토록 혼란한 것은 각기 지켜야 할 자리를 지키지 못하기 때문이다. 죄란 바로 자기가 지켜야 할 자리를 지키지 않고 이탈하는 것을 말한다. 인생이 하나님 앞에 죄인인 것은, 하나님을 경외해야 할 자리를 지키지 않고 오히려 하나님과 대등한 자리에 앉으려 하기 때문이다. 가정 공동체에서든 사회 공동체에서든 교회 공동체에서든 자신의 자리를 지키지 않고 분수에 지나는 일탈의 행동을 자행하는 것은 공동체를 파괴하고 혼란케 하는 죄를 범하는 것이다. 그러므로 건강하고 행복한 공동체를 이루려면 자신의 분수에 맞게 처신해야 한다. 당신은 어떠한가? 가정에서나 사회에서나 교회에서나 분수에 맞게 처신하고 있는가?

순종이
박력이다

네가 보거니와 믿음이 그의 행함과 함께 일하고
행함으로 믿음이 온전하게 되었느니라(약 2:22)

●●● 누가복음 10장에 보면, 선한 사마리아 사람에 대한 예수님의 말씀이 기록되어 있다. 어떤 율법사가 예수님께 어떻게 해야 영생을 얻을 수 있느냐고 여쭈었다. 예수님은 말씀하시기를, 영생을 얻으려면 율법에 기록된 대로 위로는 하나님을 사랑하고 아래로는 네 이웃을 네 자신 같이 사랑하라고 하셨다. 율법사가 예수님께 다시 묻기를, 내가 사랑해야 할 이웃이 누구냐고 했다. 그때 예수님께서 선한 사마리아 사람에 대한 말씀을 하셨다. 그 말씀의 내용은 대략 이러하다.

"어떤 사람이 예루살렘에서 여리고로 내려가다가 강도를 만나 가진 것 모두를 강탈당하고 심하게 폭행까지 당해 거의 죽게 되었다. 그때 하나님의 성전 일을 하는 제사장과 레위인이 각각 그 곁을 지나갔지만 못 본 척하고 지나쳐 갔다. 하지만 사마리아 사람은 강도 만난 사람에게 다가가서 응급 치료를 해 주고 주막으로 데리고 가서 상당한 치료비까지 주면서 보살펴 줄 것을 부탁했다. 그리고 치료비가 부족하면 돌아와서 추가된 치료비까지 주겠노라고 했다."

여기까지 말씀하신 예수님은 그 율법사에게 물으셨다. "네 생각에는 이 세 사람 중에 누가 강도 만난 자의 이웃이 되겠느냐?" 율법사가 "자비를 베푼 자입니다."라고 대답하자, 예수님께서는 율법사에게 다시 말씀하셨다. "가서 너도 이와 같이 하라."

또 요한복음 13장에 보면 예수님께서 마지막 만찬을 드신 후에 제자들의 발을 씻겨 주시면서 이렇게 말씀하셨다. "내가 주와 또는 선생이 되어 너희 발을 씻었으니 너희도 서로 발을 씻어 주는 것이 옳으니라. 내가 너희에게 행한 것 같이 너희도 행하게 하려 하여 본을 보였노라. 내가 진실로 진실로 너희에게 이르노니 종이 주인보다 크지 못하고 보냄을 받은 자가 보낸 자보다 크지 못하나니 너희가 이것을 알고 행하면 복이 있으리라."

예수님께서는 율법사에게 말씀하시기를 "가서 너도 이와 같이 하라."고 실천할 것을 강조하셨다. 제자들에게도 너희가 이것을 알고 행하면 복이 있으리라며 역시 실천할 것을 강조해 말씀하셨다.

'백문이불여일견(百聞而不如一見)'이라는 말이 있다. 백 번 듣는 것이 한 번 보는 것만 못하다는 뜻이다. 그렇다. 백언이불여일행(百言而不如一行)이다. 백 번 말하는 것이 한 번 행하는 것만 못한 것이다. 하나님의 말씀을 듣고 깨달은 대로 실천에 옮겨 살아가야 한다. 움직이는 말씀으로 살아가야 한다. 행함이 없는 믿음은 죽은 믿음이라고 했다. 행함으로 여러분의 믿음이 산 믿음임을 나타내 보이라. 하나님의 분명한 말씀은 듣고 깨닫는 자에게 복이 있는 것이 아니라 듣고 깨달은 대로 행하는 자에게 복이 있다고 하셨다.

성도들이 건강한 신앙 생활과 역사적 책임과 시대적 사명을 바로 감당하려면 갖춰야 할 힘이 있다. 그 힘이 무엇인가? 그 힘은 영력과 지력과 포용력과 인내력, 그리고 박력이다. 여기서의 박력은 목소리를 크게 내고 몸짓을 크게 하는 것이 아니다. 바로 순종을 말한다. 순종은 행동하는 믿음이요, 그러한 순종이 박력이다.

하나님이 아브라함을 나의 벗이라고 하면서까지 좋아하신 것은 그가 순종의 사람, 박력의 사람이었기 때문이다. 하나님은 순종의 사람, 박력의 사람을 통해서 구원의 역사를 이루어 가시고 그에게 복을 더하여 주신다.

내 **주변 인물**은
나의 **거울**

지혜로운 자와 동행하면 지혜를 얻고
미련한 자와 사귀면 해를 받느니라(잠 13:20)

●●● 근묵자흑(近墨者黑)이라고 했다. 먹을 가까이 하면 먹물이 묻어 검게 된다는 뜻으로, 곧 악하고 나쁜 사람과 가까이하면 악하고 나쁜 사람이 된다는 교훈을 주는 말이다. 이와 같은 뜻으로 '늑대와 어울리면 늑대 울음을 낸다'는 말이 있고, '방앗간을 지나면 가루가 묻는다'는 말도 있으며, '솥 만지면 검댕이 묻는다'는 말도 있다. 하나같이 악한 자와 가까이 어울리면 더불어 악해지므로 악한 자, 나쁜 자를 가까이하지 말라는 교훈이다. 그래서 맹자의 어머니가 아들인 맹자의 교육을 위해서 세 번이나 이사를 했다는 맹모삼천(孟母三遷)의 교훈이 매우 설득력 있는 가르침으로 회자되고 있는 것 같다.

실제로 함께 어울리는 친구를 보면, 그 사람의 됨됨이를 알 수 있다. 그래서 무리(群)의 법칙을 말하기도 한다. 선한 자는 선한 자끼리 어울려 무리를 이루고, 악한 자는 악한 자끼리 어울려 무리를 이루어 교유(交遊)한다. 긍정적인 시각으로 세상을 보면서 감사하는 사람들은 그런 사람들끼리 잘 어울린다. 그리고 부정적인 시각으로 세상을 보면서 불평과 불만을 토해 내는 사람들은 또 그런 사람들끼리 어울린다. 그런데 꼭 마음에 새겨서 잊지 말아야 할 것은, 부정적인 사람들은 흑암의 동굴 깊은 곳에서 불행한 삶을 살다가 결국은 빛을 보지 못하고 멸망한다는 것이다. 그러나 긍정적인 사람은 높푸른 하늘을 마음껏 날면서 행복한 삶을 살다가 영생에 들어가게 된다는 것이다.

사람은 누구나 다 서로에게 영향을 주기도 하고 또 영향을 받기도 하며 살아간다. 관계성의 존재이기 때문이다. 여기서 중요한 점은 서로에게 어떠한 영향을 주고받느냐 하는 것이다. 이웃에게 선한 영향을 주면서 자신도 이웃으로부터 선한 영향을 받으며 살아가는 것이 가장 건강하고 이상적인 삶의 모습이라 하겠다. 그러나 그렇게 살아간다는 것이 말처럼 쉬운 일이 아니다. 어떻게 하면 악한 세상에서 선한 영향을 주고받으면서 건강하고 아름답게 살아갈 수 있을까?

어떻게 보면 그것은 단순하고도 쉬운 일이다. 열린 마음을 가지면 된다. 열린 마음이란, 모든 것으로부터 배우고자 하는 겸손한 마음이다. 겸손한 마음은 빈 마음, 넓은 마음, 순수한 마음, 긍정의 마음, 거룩한 욕망의 마음이다. 이 같은 열린 마음을 가지면 모든 인간관계와 세상사에서 부정적인 사건은 부정적인 사건대로 반면교사, 타산지석(他山之石)으로 교훈 삼으니 유익한 것이요, 긍정적인 사건은 긍정적인 사건대로 선한 도전을 받으니 또한 유익한 것이다. 곧 모든 사건을 자신의 신앙 성장과 성숙, 그리고 인격 도야의 밑거름으로 삼기 때문에 자신에게는 유익이 되고 그러한 모습이 이웃에게는 선한 영향을 주게 되는 것이다. 그러나 닫혀진 마음을 가지고 있으면 매사를 부정적으로만 보게 된다. 그래서 긍정적인 좋은 사건을 보면 교훈 삼아 배울 생각을 하기보다는 시기 질투하고 부정적으로 비판을 한다. 그리고 부정적인 사건을 보면 역시 반면교사, 타산지석으로 교훈 삼아 배울 생각을 하기 보다는 쾌감(?)같은 것을 느끼며 정죄하고 비판하면서 그 사건을 즐기려고 한다. 이러한 모습이 이웃에게 악한 영향을 미치게 되는 것이다.

당신은 지금 어떠한 무리들과 어울려 활동하고 있는가? 열린 마음의 사람들인가, 아니면 닫힌 마음의 사람들인가? 당신이 가까이 하는 당신 주변의 사람들의 모습이 바로 당신 모습임을 알아야 한다. 늑대와 어울리면 자신도 모르는 사이에 늑대 울음을 내게 된다는 것을 명심해야 한다.

무사심(無邪心)의
섬김

사랑은 오래 참고
사랑은 온유하며
시기하지 아니하며(고전 13:4)

●●●● 사울 왕이 이스라엘 백성에게 공포의 대상이었던 골리앗 장군의 블레셋 군대를 물리치고 개선장군으로 입성할 때의 일이다. 연도에 운집한 수많은 군중이 열광적으로 개선군을 환영했다. 그런데 문제가 생겼다. 사울 왕의 마음을 불쾌하게 하고 분노케 하는 일이 발생한 것이다. 그것은 환영하는 인파들이 연호하는 이름과 치하하는 소리의 내용 때문이었다. 곧 "사울이 죽인 자는 천천이요, 다윗이 죽인 자는 만만이로다."라고 외쳐 대는 소리 때문이었다. 이는 사울 왕의 전공보다도 다윗의 전공을 더 높게 치하한다는 것을 의미하였기 때문이다.

실제로 위협적인 존재인 적장 골리앗을 죽이고 결정적으로 승리의 공을 세운 것은 사울 왕이 아니라 다윗이었다. 다윗이 치하를 받는 것은 마땅한 일이었다. 도량 넓은 성군으로서 사울 왕도 이를 당연시하고 함께 축하해 주는 것이 마땅했다. 그러나 사울 왕은 애석하게도 도량이 넓고 대

범한 성군으로서는 함량 미달이었다. 이제 다윗이 자신의 왕좌까지 넘볼 것이라는 생각에 다윗을 경계할 뿐만 아니라 기회 있을 적마다 다윗을 죽이려 했기 때문이다. 다윗은 사울 왕의 사위가 될 사람이었다. 사위도 자식이다. 그러나 시기 질투는 자식과 같은 존재도 아랑곳없이 살인하게 하는 무서운 것이다. 시기 질투는 남이 잘 되는 것을 샘하며 미워하는 것이다. 이러한 마음은 남이 안 되기를 바라고, 쓰러지고 넘어져 망하는 것을 기대하는 악한 마음이다. 남이 잘 되는 것을 눈 뜨고 못 보는 못된 마음이다. 예수님의 마음은 사랑의 마음이다. 사랑의 마음은 시기하고 질투하지 않는다고 했다(고전 13:4). 성도가 누구인가? 예수님을 구주로 믿고 영접해서 마음 중심에 예수님을 모시고 사는 사람이다. 곧 예수님의 마음을 가지고 살아가는 사람이다. 어떤가? 당신은 이웃이 잘 되는 것을 보고 사심 없이 축하하고 치하하는 쪽인가, 아니면 시기하고 질투하는 쪽인가?

지금은 원시 교회 시대의 지도자 중 한 사람이었던 바나바 같은 분이 절실한 때다. 바나바는 열린 마음을 가진 분이었다. 바나바는 나를 죽여 이웃을 살리고 내가 죽어 주님의 뜻을 실현하려고 한 참다운 주님의 제자였다. 이방 땅인 안디옥에 복음이 전해지고 많은 이방인들이 예수님을 구주로 믿고 구원받는 역사가 뜨겁게 일어나고 있다는 보고를 받은 예루살렘 교회 지도자들은 바나바를 그곳에 파송해 확인하게 했다. 현지에 도착한 바나바의 눈에 비친 안디옥 교회는 한 마디로 놀라움 그 자체였다. 모두가 성령 충만해서 주님의 도를 따르고 있었다. 그들을 보살피는 일이 바나바 홀로 감당하기에는 너무나 벅찼다. 그래서 다소에서 은거 중인 바울을 찾아갔다. 그리고 그를 안디옥으로 데리고 와서 함께 안디옥 교회를 섬김으로 큰 부흥의 역사를 일으켰다.

바나바가 바울을 초청해서 함께 사역한 것이 아무것도 아닌 것 같지만,

실제로는 아무것도 아닌 것이 아니다. 왜냐하면 바울은 그릇이 큰 사람이었기 때문이다. 모든 면에서 실력이 탁월한 사람이었다. 그런 그를 초청해서 함께 사역을 하게 되면, 바나바는 바울의 그늘에 가려서 빛을 보지 못하게 되는 부담스러운 일이었다. 자기를 바라보던 대중의 눈길이 바울에게로 옮겨 갈 것이 불을 보듯 훤하게 보이는 일이었지만, 바나바는 주님의 뜻을 이루기 위해서 사심(邪心)을 버렸다. 주님의 뜻만 이룰 수 있다면, 그리고 바울이 더 크게 일할 수만 있다면 자기 자신은 어떻게 짓밟혀도 괜찮다고 생각했다. 대체로 사람의 심리는 자신이 속한 공동체에 자신과 대등한 실력자나 자신보다 월등한 실력자가 나타나면 그를 경계하고, 더 나아가서는 그를 견제하면서 각양의 악랄한 술수를 동원해 그를 침몰시키려고 한다. 그러나 바나바는 그렇게 하지 않았다. 바나바는 자신이 주역으로 활동하던 무대에서 미련 없이 내려오고 바울을 그 무대 중앙에 주연으로 세워서 활동하게 했다. 이는 하나님의 영광을 드러내고 하나님의 뜻을 이루고자 한, 사심 없는 순수한 동기에서 한 일이다. 얼마나 멋지고 아름다운 모습인가? 무사심(無邪心)! 바로 섬김의 극치다.

결정적인 순간에 나타나는 진면목

선한 사람은 그 쌓은 선에서 선한 것을 내고
악한 사람은 그 쌓은 악에서 악한 것을 내느니라(마 12:35)

●●● 물은 건너보아야 알고, 사람은 지내보아야 안다고 한다. 그러나 지내보아도 알 수 없는 것이 사람의 마음인 것 같다. 그래서 열 길 물 속은 알아도 한 길 사람의 마음속은 모른다고 하는가 보다.

가장 가까이에서 예수님을 섬겼던 베드로였다. 다른 사람은 다 예수님을 배신해도 자기는 결단코 예수님을 배신하지 않겠노라고 했다. 죽는 자리에까지도 예수님과 함께 하겠노라고 호언장담하던 베드로였다. 그런 베드로가 예수님을 세 번이나 모른다고 부인할 것이라고는 상상도 못했던 일이다. 또 예수 공동체의 신임을 얻어 재물을 관리하는 회계 업무를 맡았던 가룟 유다가 스승인 예수님을 은 삼십에 팔아넘기리라고 누가 생각이나 했겠는가. 그러나 이해득실과 생사가 나뉘는 결정적인 순간에는 누구나 그 본심이 그대로 드러나는 것 같다. '굽은 지팡이는 그림자도 굽어보인다'고 했다. '까마귀는 미역을 감아도 하얘지지 않는다'고도 한다.

본성이 악하면 아무리 선하게 꾸며도 끝내는 그 악한 모습을 드러내게 된다는 교훈들이다.

불신의 장벽이 그 어느 시대보다도 두터운 시대다. 보험금을 타내려고 부모를 죽이고 아내와 남편을 죽이는 세상이다. 자신의 동물적 쾌락을 즐기기 위해서 어린 자식을 버리는 세상이다. 이해관계 앞에 서면 순간적으로 등을 돌려대는, '신의', '의리'라는 말은 사전에서나 찾아볼 수 있는 세상이 되었다. 그 누구도 믿을 수 없는 불신의 시대가 되었다. 그러나 성도가 누구인가? 예수님을 구주로 믿고 왕과 주인으로 모시고 예수님의 손발이 되어 예수님의 말씀을 이루며 살아가는 사람들이다. 마음이 예수님의 마음으로 새로워지고 변화된 사람들이다. 예수님의 마음은 변함이 없다. 그러므로 예수님을 구주로 믿고 영접해서 예수님의 마음을 가진 성도들이 어떠한 경우에도 변함이 없는 것은 당연하고도 자연스러운 현상이다. 금은 불 속에 넣어 열을 가할수록 더욱 순수해진다. 예수님의 마음을 가진 성도도 불같은 시련이 크고 깊을수록 그 믿음이 더욱 순수해진다. 그래서 하나님을 더욱 사랑하게 되고 이웃을 더욱 사랑하게 된다. 어려울수록 더욱 내용 깊은 충성과 헌신과 봉사를 한다.

그러나 금인줄 알았는데 구리 같은 사람이 있다. 결정적인 순간에 자기 본색을 드러낸다. 드러낸 본색이 불신앙의 모습이다. 결정적 순간이란 이해득실에 관계된 일, 생사에 관계된 일에 직면했을 때를 말한다. 곧 환란과 시련이 닥쳤을 때, 생명의 위협을 받을 때, 인격이 짓밟히고 자존심 상하는 일에 부딪혔을 때, 명예가 훼손되고 물질적으로 손실을 입게 되었을 때를 말한다. 참 믿음의 사람은 어떠한 상황에도 하나님과 이웃에 대한 사랑의 섬김에 변화가 없지만, 금으로 포장한 구리 같은 짝퉁 믿음의 사람은 미련 없이 하나님의 말씀을 버리고 매몰차게 이웃에게 등을 돌린다.

당신은 어떠한가? 당신은 진정 예수님을 구주로 믿고 마음이 새로워졌는가? 변화를 받았는가? 그래서 어떠한 상황에 직면해도 하나님과 이웃을 사랑하고 섬기는 일에 변함이 없는 진품 성도인가? 굽은 지팡이는 그림자도 굽어보이는 법이다. 어떠한 결정적인 순간에라도 올곧은 믿음의 모습을 보이는 진품 성도라야 역사적 책임과 시대적 사명을 감당하면서 하나님의 구원 역사를 지속적으로 이루어 갈 수 있다. 하나님은 이러한 성도를 목마르게 찾고 계시다. 다른 사람이 아닌 바로 당신이 목말라하시는 주님의 마음을 시원케 하여 드리는 주인공이 되라.

선택의
자유와 **책임**

내가 불렀으나 너희가 듣기 싫어하였고 내가 손을 폈으나 돌아보는 자가 없었고
도리어 나의 모든 교훈을 멸시하며 나의 책망을 받지 아니하였은즉
너희가 재앙을 만날 때에 내가 웃을 것이며
너희에게 두려움이 임할 때에 내가 비웃으리라(잠 1:24-26)

●●● 성도라고 하면서도 신령한 생활에는 소 닭 보듯 하고, 세속적인 일에는 아귀(餓鬼)같은 사람이 있다. 이러한 사람에게는 아무리 진리의 말씀을 들려주고 바른 삶의 길을 가르쳐 주어도 쇠귀에 경 읽기다. 미동도 하지 않는다. 오히려 짜증스럽게 역정을 내는 사람도 있다. 참으로 안타깝기 그지없다. 이러한 사람들은 자기 스스로를 무척 지혜로운 사람이라고 생각한다. 그러나 어떻게 하는 것이 지혜로운 것인가를 한번 깊이 생각해 보라. 세상 재미는 한껏 누려보아야 백 년이다. 세상 재미를 누리는 육체는 사라져 없어질 분진(粉塵)일 뿐이기 때문이다. 그러나 신령한 일은 영원한 것이다. 영혼은 영원한 존재이기 때문이다. 그런데 우둔한 인생들은 분진(粉塵)으로 없어질 육체의 일에는 시간과 재능과 재물을 아끼지 않고 투자하면서, 영원토록 있는 신령한 일에는 관심도 없고 관심을 갖는다 해도 인색하기만 하다.

어떻게 하는 것이 지혜인가? 사라져 없어질 것에 투자하는 것인가, 아니면 영원한 것에 투자하는 것인가? 삼척동자라도 영원한 것에 투자하는 것이 지혜라고 대답할 것이다. 그러나 세상 재미에 취하게 되면 총명이 흐려져서 시시비비(是是非非)를 분별하지 못한다. 신령한 생활을 하도록 독려해도 마이동풍(馬耳東風)이고 쇠귀에 경 읽기(牛耳讀經)다. 오히려 짜증을 내고 분노하기까지 한다. 이러한 사람은 갈수록 영적으로 황폐해져 결국은 멸망하게 된다. 그러므로 지혜는 진리의 말씀에 경청하고 진리의 말씀을 따라서 더욱 깊이 있는 영성 생활을 하는 것이다.

당신은 어떠한가? 진리의 말씀에 경청하고 순종하는 지혜로운 자인가, 아니면 진리의 말씀을 외면하고 대적하는 어리석은 자인가? 명심하라. 진리의 말씀에 소 닭 보듯 하는 사람은 마지막 심판의 날에 하나님께서 그를 소 닭 보듯 하실 것이다. 그러므로 소탐대실(小貪大失)의 어리석음을 범하지 말라. 이 세상에 속한 것은 뜬구름과 같고 아침 안개와 같다고 했다. 풀잎의 이슬이요, 풀의 꽃과 같다고 했다. 그러나 주님과 함께 누릴 하늘의 영광은 영원한 것이라고 했다. 그러므로 잠시 있다 없어질 세상 것에 집착하지 말라. 그것은 무지개를 잡으려고 쫓는 것처럼 헛된 수고를 하는 것이다. 영원한 세계를 사모하고 진리 탐구에 매진하라. 진리의 말씀에 더욱 집중해서 귀를 기울이라. 진리를 알지니 진리가 너희를 자유케 하리라고 했다. 진리의 말씀이 매이지 않는 삶, 막힘이 없는 삶을 살아가게 한다. 진리의 말씀이 혼돈의 세상에서 방황을 끝나게 하고 진리의 말씀 안에서 질서 있는 삶, 참된 평안을 누리게 한다.

그래도 세상의 영화가 좋게 보여 그것을 취하려 한다면 그렇게 하라. 선택은 자유이기 때문이다. 그러나 선택의 결과에 대해서는 책임을 져야 할 것이다. 부디 소탐대실(小貪大失)의 어리석은 자가 되지 않기를….

감사할 줄 모르는
인면수심의
인생들

소는 그 임자를 알고 나귀는
그 주인의 구유를 알건마는
이스라엘은 알지 못하고
나의 백성은 깨닫지 못하는도다 하셨도다(사 1:3)

●●● 미물의 짐승인 개도 주인이 먹을 것을 주면 고맙다는
표시로 꼬리를 흔들며 다가와서 받아먹는다. 사람을 만물의 영장이라고
한다. 만물 중에 가장 뛰어난 존재라는 의미다. 성도는 만물의 영장이라
는 사람들 가운데서 뽑아낸 구별된 존재다. 성도는 영장 중의 영장이라고
할 수 있다. 그런데 과연 그럴까?

모든 인간은 아담의 후손이다. 아담은 하나님의 법을 어긴 범법자이다.
그래서 모든 인간은 아담의 죄의 코드를 지니고 태어난다. 죄를 범해서
죄인이 아니라 애당초 죄인의 신분을 가지고 태어나는 죄인이다. 죄는 반
드시 대가를 치러야 한다. 즉 죄질에 따른 형벌을 받는다. 하나님을 거역
한 죄의 대가는 죽음이다. 그리고 그 죽음이 이르는 곳은 저 무서운 지옥
불못이다. 그런데 인간은 죄와 그 죄의 대가인 죽음의 문제를 스스로 해
결할 수 없는 절망적 존재다. 그러나 사랑의 하나님께서는 독생자 예수님

을 이 세상에 보내셔서 대속의 죽음을 죽게 하셨다. 그리하여 인간은 죄와 죽음의 올무에서 벗어나 살 길을 얻게 되었다. 하지만 어리석은 인생들은 하나님의 사랑의 선물인 예수 그리스도를 계속 배척하면서 멸망의 자리에 머물러 있다.

성도는 하나님의 특별한 은총으로 예수 그리스도를 구주로 믿고, 죄와 사망에서 해방되어 자유인이 된 사람들이다. 그러나 하나님의 구속의 은혜에 감사하기보다는 세속적인 복을 풍성하게 내려주시지 않는다고 불평불만을 토하고 원망 섞인 탄식을 한다. 물에 빠져 죽어 가는 자를 건져 내어 살려 주었더니 내 보따리 내놓으라는 격이다. 어처구니없는 일이다. 미물의 짐승인 개도 꼬리를 치며 감사의 마음을 표한 다음에 먹는다. 당신은 지금 하나님의 은혜와 이웃의 은혜에 대해서 얼마나 감사하고 있는가? 배은망덕은 인면수심이라고 했다. 성도라고 하면서 미물인 개만도 못해서야 되겠는가? 성도라면 마땅히 하나님과 이웃에게 감사하는 삶을 살아가야 한다.

하나님께서는 범사에 감사하는 삶을 매우 기뻐하신다. 그래서 "범사에 감사하라. 이것이 그리스도 예수 안에서 너희를 향하신 하나님의 뜻이니라."고까지 말씀하셨다(살전 5:18). 범사에 감사하는 삶을 하나님께서 기뻐하시는 이유는, 하나님께서 하시는 일을 전폭적으로 지지하고 따르는 것이기 때문이다. 하나님께서 하시는 일은 100퍼센트 옳은 것이고 실수라는 것이 없기 때문이다. 그리고 당장은 나에게 주어진 환경이나 직면한 사건이나 문제들이 내 마음에 맞지 않고 감당하기에도 벅찬 일이지만 나를 구원하시기 위해서 독생자까지 죽음의 자리에 내어놓으신 하나님의 사랑을 의심 없이 믿는 신앙의 표현이기 때문이다.

따라서 하나님이 살아 계시고 나를 사랑하시고 나를 위해 좋은 계획을 가지고 계시고 그 계획이 현실화되도록 쉬지 않고 일하시되, 실수함이 없으시고 한 번 하신 말씀은 반드시 이루시는 신실하신 하나님을 믿는다면 당장은 경제적인 어려움이 있고 건강상의 어려움이 있고 인간관계에 어려움이 있다 해도 범사에 감사해야 한다. 어렵다고 해서 낙심하거나 불평불만을 한다든지 원망하는 것은 '결사 반대 총력 투쟁'이라는 문구가 새겨진 붉은 띠를 머리에 두르고 하나님 앞에 항거, 데모를 하는 것과 마찬가지다. "하나님은 실수하고 계신 것입니다. 하나님께서 하시는 일은 잘못되었습니다. 따를 수 없습니다. 그러니 수정하세요." 하면서 하나님께 주먹질하는 것이다. 이는 하나님께서 기뻐하시지 않는다. 복을 받을 수 없다. 하는 일이 잘 될 수 없다.

범사에 감사하는 것이야말로 하나님을 절대 신뢰하는 최상의 신앙 표현이다. 그래서 감사는 하나님께서 기뻐하시는 뜻이라고 한 것이다. 미물의 짐승인 개도 주인에게 꼬리를 친 다음에 먹는다고 하는데, 구속의 은총과 때를 따라 도우시는 은혜를 힘입어 살아가는 성도들이 감사는 못할망정 불평불만으로 살아가야 되겠는가? 불평불만은 스스로 '나는 개만도 못한 존재입니다'라고 선전하는 샌드위치맨과 같은 것임을 잊지 말고 기억하자.

무겁게
살아가는 인생이
가벼운 인생이다

누구든지 자기 십자가를 지고
나를 따르지 않는 자도
능히 내 제자가 되지 못하리라(눅 14:27)

●●●● 예수님을 구주로 믿는다는 것은 예수님의 제자가 된다는 것을 의미하기도 한다. 예수님은 우리를 죄와 사망과 율법과 온갖 질고의 올무에서 자유케 하여 주신 구주이실 뿐 아니라 우리로 하여금 하나님께서 의도하신, 하나님께서 보시기에 좋은 모습으로 살아가도록 가르치고 지도하고 양육하시는 스승이시다. 제자란 스승의 모든 것을 전수받아 스승과 같은 삶을 살아갈 뿐만 아니라 스승의 모든 것을 다시 다른 이에게 전수하여 줌으로써 이 세상을 스승이 이상(理想)하는 세상이 되게 하는 자를 말한다. 예수님께서 말씀하셨다. 누구든지 자기 십자가를 지고 예수님을 따르는 사람이라야 예수님의 제자라고 하셨다.(눅 14:27)

자기 십자가를 진다는 것이 무엇인가? 십자가를 진다는 것은 언제, 어디서, 무엇을 하든지 내 뜻을 하나님의 뜻에 복종시키는 것이 바로 자기 십자가를 지는 삶이다. 당신은 십자가를 지고 가는 자인가, 아니면 십자가를 밟고 가는 자인가?

　내 뜻을 하나님의 뜻에 복종시켜 하나님의 뜻을 따르는 자는 십자가를 지고 가는 자요, 하나님의 뜻을 무시하고 내 뜻을 앞세워 살아가는 자는 십자가를 밟고 가는 자다. 내 뜻을 하나님의 뜻에 복종시키는 삶을 사는 자는 날마다, 순간마다 자신을 부인하고 죽이는 순교자의 삶을 산다. 그러나 하나님의 뜻을 무시하고 내 뜻을 앞세워 살아가는 자는 주님을 또 다시 십자가에 못 박도록 골고다로 내모는 배신자의 삶을 살아가는 것이다. 실제로 우리는 하루에도 수없이 순교자의 모습과 배신자의 모습을 나타내면서 살아간다. 다만 어느 쪽에 더 무게가 실려 있는가에 따라서 성숙한 그리스도인과 미숙한 그리스도인, 행복한 그리스도인과 불행한 그리스도인이 가늠된다. 당신의 삶은 순교자의 삶과 배신자의 삶 중 어느 쪽에 더 무게가 실려 있다고 생각하는가? 순교자의 모습인가, 배신자의 모습인가?

　순교를 단순히 맹수나 총이나 칼, 또는 그 어떤 물리적인 힘에 의해서 죽임을 당하는 것으로만 생각해서는 안 된다. 그리스도인의 삶이란 순간 순간 순교하는 삶을 살아가는 것이다. 인생은 끊임없는 사건의 도전을 받으면서 살아가고, 사건의 도전을 받을 때마다 판단하고 결단하고 행동에 옮기게 된다. 중요한 것은 어느 편에 서서 판단하고 결단하고 행동하느냐 하는 것이다. 하나님의 말씀 편에 서느냐, 자신의 욕망 편에 서느냐에 따라 순교자의 삶을 살기도 하고 배신자의 삶을 살기도 하는 것이다. 자신의 욕망의 소리를 물리치고 하나님의 말씀을 따르면 순교자의 삶이고, 하나님의 말씀을 외면하고 자신의 욕망의 소리를 따르면 배신자의 삶을 살아가는 것이다.

　예수님의 제자 된 성도라면 당연히 자신의 정욕의 소리를 물리치고 하나님의 말씀을 따르는 순교자의 삶을 살아가야 할 것이다. 순교자의 삶이란 이처럼 주님과 함께 십자가의 길을 가는 것이고, 십자가의 길을 가는 것이 바로 제자도를 따르는 성도의 삶이다. 제자도를 따르는 성도가 많을수록 교회는 건강하고 행복해지며, 교회가 건강하고 행복해야 하나님이 뜻하시고 인생들이 소망하는 건강하고 행복한 세상이 이루어진다. 하지만 배신자의 삶을 살아가는 성도가 많으면 교회는 병약해지고, 교회가 병약해지면 세상은 더욱 황폐하게 되고 결국은 멸망하게 될 것이다.

이제 매순간의 삶을 어느 편에 서서 살아갈 지는 당신에게 있어서 또 하나의 결단할 사건이다. 그리고 그 사건에 대한 판단과 결정과 선택은 당신 몫이요, 그 결과에 대한 책임도 당신 몫이라는 것을 명심하고 가벼운 인생이 아니라 인생을 무겁게 살아가기를 힘쓰라. 무겁게 살아가는 인생이 가벼운 인생이요, 행복한 인생임을 알게 될 것이다.

언어폭력은 제3계명의 **범법자**

내가 너희에게 말한다.
사람이 무심코 내뱉은 사소한 말이라도 심판의 날에는 책임을 져야 한다.
네 말에 근거하여 네가 의롭다고 판정을 받을 수도 있고
죄가 있다고 판정을 받을 수도 있다.(마 12:36-37, 쉬운성경)

●●● 성령의 열매 가운데 '절제'의 열매가 있다(갈 5:22-23). 성령받은 영의 사람은 절제할 줄을 안다. 성도는 성령을 받은 영의 사람이다. 때문에 절제의 삶을 살아가야 한다. 특별히 말을 절제해야 한다. 부정적인 비판의 말이나 모함하는 말은 살인과 같은 것이다. 말로 인해 받는 상처와 고통이 크기 때문이다. 말로 받은 상처는 쉽게 회복되지도 않고 후유증이 크고 오래 간다. 훼손된 명예는 회복되기가 어렵다. 회복된다 해도 흉터가 크게 남기 때문에 평생을 고통 가운데 어두운 삶을 살아가게 된다. 그래서 부정적인 비판이나 모함은 살인과 같다고 하는 것이다.

비판자는 오직 한 분, 하나님밖에 없다. 우리는 모두 하나님 앞에서 비판받아야 할 존재들이다(롬 14:10-12). 입법자와 재판관은 오직 한 분 하나님이신 것을 명심해야 한다(약 4:11-12). 입법자요, 재판관이신 하나님

이 보실 때에는 남을 비판한다는 것은 똥 묻은 개가 겨 묻은 개를 나무라는 격인 것이다. 누가 더 더러운가? 똥 묻은 개인가, 겨 묻은 개인가? 그래서 주님께서 말씀하셨다. "외식하는 자여, 먼저 네 눈 속에서 들보를 빼어라. 그 후에야 밝히 보고 형제의 눈 속에서 티를 빼리라."(마 7:5)

우리는 모두 마지막 날에 주님 앞에서 심판을 받게 될 것이다. 그날에 주님께로부터 비판을 받지 않으려면 남을 비판하지 말아야 한다(마 7:1-2). 우리가 할 수 있는 일은 이웃의 허물을 감싸고 덮어 주며, 사랑의 중보기도를 하는 것이다. 그래서 종말 시대에는 무엇보다도 더욱 열심히 사랑하라고 하신 것이다(벧전 4:7-8). 여러분은 어떤가? 혹 똥 묻은 자신은 보지 못하고 겨 묻은 이웃만 나무라면서 비판만 하고 있지는 않은가?

성도들이 명심할 것이 있다. 그것은 남을 비판하고 정죄하는 것은 십계명 가운데 제3계명을 범하는 것이라는 사실이다. 즉 언어폭력은 제3계명의 범법자다. 제3계명이 무엇인가? '너는 네 하나님 여호와의 이름을 망령되이 부르지 말라'다. 이는 함부로 여호와의 이름을 입에 올리지 말라는 경계의 말씀이다. 하나님의 이름을 들먹이면서 함부로 맹세 같은 것을 하지 말라는 뜻이기도 하다. 그러나 더 깊은 차원에서는 하나님의 자리에 앉아서 하나님 행세를 하지 말라는 뜻이다. 무슨 말인가? 누구를 비판하고 정죄할 수 있는 분은 하나님 한 분밖에 없다. 때문에 남을 비판하고 정죄하는 것은 자기가 하나님의 자리에 앉아서 하나님 행세를 하는 것이다. 하나님의 이름을 망령되이 일컫는 제3계명을 범하는 무서운 죄인 것이다.

오늘 교회 안에는 자신도 모르게 하나님의 자리에 앉아서 하나님 행세를 하는 사람이 너무 많다. 서로가 서로를 용서하지 못하고 서로가 서로에게 비판과 정죄의 화살을 쏘아 댐으로 교회마다, 교단마다 전쟁터를 이루고 있다. 이는 마귀에게 성찬을 차려주는 것이기에 마귀만 흥겨워 춤을 춘다. 자고로 옛 성현도 교훈하기를, '이웃에게는 춘풍(春風)처럼 대하고 자신에게는 추상(秋霜)같이 대하라'고 했다. 그런데 오히려 그 반대로 자신에게는 봄바람처럼 부드럽게 관용을 베풀면서 이웃에게는 가을 서릿발처럼 엄격하게 정죄하고 비판한다. 돌을 들어 이웃을 칠 만큼 당신은 100퍼센트 깨끗하고 완벽한가? 폭력이 난무하는 것은 종말적 현상이지만 물리적인 폭력보다도 언어폭력이 더 악질의 폭력임을 알고, 덕을 세우는 선한 말로 이웃에게 은혜를 끼치는 건강한 언어생활을 하도록 더욱 힘써야 하겠다.

나팔은 내려놓고
예수님의 손발 되어

어떤 사람은 말하기를
너는 믿음이 있고 나는 행함이 있으니
행함이 없는 네 믿음을 내게 보이라
나는 행함으로 내 믿음을 네게 보이리라 하리라(약 2:18)

●●● 지식은 사람을 교만하게 하고, 교만은 사람을 파멸로
이끈다. 그러나 지혜는 사람을 겸손하게 하고, 겸손은 사람을 존영과 풍
요로 인도한다. 오늘날에는 지식인은 많아도 지혜자는 많지가 않다. 지혜
자가 없는 오늘의 세상은 지식인들의 오만으로 인하여 파멸의 길로 잘못
굴러가고 있다. 지금은 삶의 슬기가 절실한 때다. 성도가 누구인가? 예
수 그리스도 안에서 하나님을 경외하는 자다. 여호와를 경외함이 지혜의
근본이라고 했다. 이는 곧 '성도는 삶의 슬기를 지닌 자'라는 뜻이다. 성
도여, 그대는 슬기로운 자다. 그대가 지닌 지혜를 가지고 파멸의 길로 잘
못 굴러가고 있는 오만한 세상에 제동을 걸라. 그리고 제동을 거는 것으
로 멈추지 말고, 운전대를 잡으라. 존영과 풍요의 길로 세상의 방향을 바
꾸라. 정치인이든, 경제인이든, 문화 예술인이든, 교육자든, 근로자든,
성도라면 그대 머물러 있는 그곳에서 슬기 있는 삶을 보여야 한다. 마지

막에 웃는 자가 잘 웃는 자라고 하지 않던가. 그러므로 진실과 정직, 선함과 의로움, 겸손과 사랑으로 섬기는 자가 마지막에 웃게 된다는 것을 그대의 삶으로 확증해 주라.

지혜는 앎이 아니라 행함이다. 삶이다. 앎이 삶의 걸림돌이 되지 않게 하라. 앎이 삶이 될 때 앎은 빛이 나는 것이다. 사랑은 앎이 아니다. 사랑은 삶이다. 진실과 의와 겸손도 앎이 아니다. 삶이다. 오늘의 세상이 이처럼 어둡고 혼탁한 것은, 앎만 있고 삶이 없기 때문이다. 앎은 지식이요, 삶은 지혜다. 성도는 앎의 사람이 아니라 삶의 사람이 되어야 한다. 지식인이 아니라 지혜자가 되어야 한다. 빛으로, 소금으로 살아가라는 주님의 말씀은 곧 지혜의 사람, 삶의 사람이 되라는 말씀이다. 삶이 없는 앎은 빛도 소금도 아니기 때문이다. 그래서 삶이 없는 믿음은 죽은 믿음이라고 하신 것이다. 교회 안의 세계이든, 교회 밖의 세계이든 오늘의 위기는 '삶이 없는 앎' 때문이라는 것을 명심해야 한다. 성도여, 앎을 자랑하지 말고 삶이 없었음을 부끄럽게 생각하라. 그리고 어느 곳에 머물든지 그곳에서 슬기로운 삶을 살기를 힘쓰라.

하나님은 박력 있는 성도를 찾고 계시다. 하나님은 박력 있는 성도를 통해서 구원 역사를 이루어 가신다. 박력 있는 사람이 누구인가? 앎을 소리높여 나팔 부는 사람이 아니다. 삶을 몸으로 보이는 사람이다. 예수님을 말하는 사람이 아니라, 예수님을 보이는 사람이다. 오늘의 교회가 이 시대의 책임과 역사를 감당하지 못하는 것은, 앎의 사람은 많으나 삶의 사람이 많지 않기 때문이다. 예수님에 대해서 나팔 부는 나팔수는 많지만, 예수님을 보여 주는 삶의 사람은 많지 않기 때문이다.

교회가 주님께서 기대하시는 대로 시대적인 사명과 역사적인 책임을 힘있고 바르게 감당하려면 행동하는 그리스도인, 보여 주는 성도들로 교회를 가득하게 해야 한다. 그리하려면 지도자들이 먼저 본이 되어야 한다. 그래서 사도 바울처럼 "내가 그리스도를 본받는 것처럼 너희는 나를 본받으라."고 하면서 행동하는 모습을 보여야 한다. 교회를 흐르는 물줄기라고 하면 그 물줄기를 선도하는 자가 교회의 지도자들이기 때문이다. 그러기에 지도자들은 더욱 세속의 명리에 집착해서는 안 된다. 사심(邪心)을 가져서도 안 된다. 언제나 순수하게 하나님의 영광과 교회의 덕을 앞세워 섬기는 모습을 보이며 앞장서서 나아가야 한다. 지도자가 바로 서야 교회가 바로 서고 교회가 바로 서야 사회가 건강하고 행복한 사회가 된다는 것을 명심하면서, 이제 앎을 선전하는 나팔은 내려놓고 손발을 움직여 예수님을 보이는 삶을 힘써 살아가라.

역지사지(易地思之)로
화평을 이루라

나와 같이 모든 일에 모든 사람을 기쁘게 하여
자신의 유익을 구하지 아니하고
많은 사람의 유익을 구하여
그들로 구원을 받게 하라(고전 10:33)

●●● 인류의 역사는 책임 전가, 자기 합리화, 변명의 역사
라고 해도 과언이 아니다. 사단의 유혹을 받아 선악과를 먹게 된 아담과
하와를 보라. 이것이냐 저것이냐의 결단의 주체가 자신들임에도 불구하
고 아담은 하와에게 책임을 전가했고, 하와는 사단인 뱀에게 책임을 전
가했다. 가인도 자기 동생 아벨을 죽여 암매장을 한 후에 자기 변명, 자
기 합리화를 하고 있다. 아론 역시 우상인 금송아지를 만들어 놓고 백성
들에게 책임을 전가했다. 사울 왕도 아말렉과의 전쟁에서 대승을 거둔 후
에 하나님의 명령을 어기고 값비싼 전리품을 취한 책임을 백성들에게 돌
리고 있는 것을 본다. 죽음을 맹세하고 어디든지 따르겠노라고 호언장담
했던 예수님의 제자들도 하나같이 자기 변명을 하고 있는 것을 본다. 모
세까지도 절박한 상황에서 책임의 한계에서 벗어나려고 하나님께 울부짖
는 것을 볼 수 있다. 그러나 오직 예수 그리스도만은 홀로 골고다 산상에

서 인생들의 모든 죄를 다 책임지시고 대속의 죽음을 감당하심으로 살고 살리는 참 삶의 모습을 보여 주셨다.

건강한 그리스도인이 누구인가? 예수 그리스도를 모시고 예수 그리스도의 삶을 살아가는 사람들이 아니던가? 이처럼 이웃 앞에, 교회 앞에, 사회와 역사 앞에 책임지는 삶을 살아가는 건강한 그리스도인이 많아질 때 이 사회는 더욱 건강해질 것이다.

그러나 오늘의 실상은 어떠한가? 교회 안팎으로 "나 때문이야!"라고 책임지려는 사람은 찾아보기가 힘들고, 하나같이 "너 때문이야!"라고 책임 전가하고 자기 변명과 자기 합리화하는 사람들뿐이다. 속된 말로 하나같이 오리발을 내밀고 있다. 하나님은 변명하고 자기 합리화 시키고 책임 전가하는 사람을 아주 싫어하고 노여워하신다. 그리고 그에게서 눈을 돌리시고 외면하신다. 지옥에는 바보들로 가득하다고 한다. '껄껄 하는 바보들', '꺼야꺼야 하는 바보들', '때문에때문에 하는 바보들'의 세계란다. 곧 '그렇게 할 걸 혹은 그렇게 하지 말 걸'하면서 후회만 하는 사람들, '반드시 해 낼 거야!'라고 결심만 하는 사람들, 그리고 '이런저런 사람들 때문에, 그런저런 환경 때문에'라고 탓만 하는 사람들을 말한다. 가정을 비롯한 모든 공동체가 혼란하고 시끄러운 것은, 대체로 책임을 지지 않고 책임을 떠넘기려고 하는 사람들로부터 비롯된다는 것을 알 수 있다.

신앙 공동체인 교회 역시 마찬가지다. 교회 성장이 둔화되는 것이나 교회가 사회로부터 지탄받는 것은 목사의 무능과 시대에 부합한 리더십의 결핍 때문이라고 장로를 비롯한 성도들은 그 책임을 목사에게 전가시킨다. 이에 교회가 침체되어 발전하지 못하는 것은 장로들의 부당한 견제와 비협조 때문이고, 성도들의 헌신 부재가 원인이라고 목사들은 항변하면서 그 책임을 장로와 성도들에게 떠넘긴다. 그러다 보니 긴장과 갈등이 고

조되고 급기야는 충돌과 분열로 교회에 큰 상처를 입히고, 사회로부터는 외면을 당해 전도의 문은 더욱 좁아지고만 있는 것이다. 서로가 역지사지(易地思之)로 한발 물러서면 모든 문제의 원인 제공자가 바로 자기 자신임을 알게 되고, 그래서 서로의 허물을 자백하면서 서로 존중해 주면 모두가 한 마음 한 뜻이 되어 하나님의 큰일을 이루어 낼 수 있을 터인데, 그게 그렇게 쉽게 되지 않는 것은 너나할것없이 믿음의 성숙도가 낮기 때문이다.

이제 우리 모두 십자가를 지신 예수님의 마음으로 역지사지해서 교회 안팎의 제 문제의 멍에를 내가 먼저 메고 가자. 그리하면 교회마다 교단마다 화목과 화평의 웃음꽃이 만발하게 되고, 이 사회도 평화롭고 부요하게 될 것이다.

하늘에서 큰 자

그러나 더욱 큰 은혜를 주시나니 그러므로 일렀으되
하나님이 교만한 자를 물리치시고
겸손한 자에게 은혜를 주신다 하였느니라(약 4:6)

●●● 하늘 나라에서 큰 자는 어린아이와 같이 자기를 낮추는 자라고 했다(마 18:4). 큰 자는 가장 낮은 자리에서 모두를 섬기는 겸손한 자다. 겸손한 사람이 매력 있는 사람이다. 겸손한 사람은 하나님께도 매력 있게 보여서, 그에게 은혜를 베푸신다고 했다. 그리고 자기를 낮추어 겸손하게 섬기는 자를 높여 주신다고 했다(벧전 5:6). 겸손한 사람이 사람들에게도 매력 있다. 그래서 겸손한 사람에게는 많은 사람들이 모여든다. 웅덩이가 크고 넓고 깊을수록 많은 물이 흘러 들어오고 많은 물고기가 노니는 것과 같다.

반면 교만한 자는 하나님께나 사람에게나 매력 없는 존재다. 밥맛없게 하는 혐오스러운 존재다. 그래서 교만한 자는 하나님께서 물리치신다고 했다(약 4:6). 교만한 자는 사람들에게도 경이원지(敬而遠之) 당한다. 예수님은 왕중왕이시지만 종처럼 모든 사람을 겸손하게 섬기셨고 끝내는 대속의 제물로 자신의 목숨을 내놓으셨다. 성도는 종으로 섬기시는 예수님을 모시고 예수님의 삶을 사는 사람들이다. 때문에 성도라고 하면서 교만한 모습을 보인다면, 그는 아직 예수님을 모르는 사람이다. 예수님을 만나고 예수님을 아는 성도는 결단코 교만할 수가 없다. 튀어나온 못은 망치로 얻어맞을 것밖에 없다. "미련한 자의 등에는 막대기니라."고 했다(잠 26:3). 미련한 자는 곧 교만한 자를 말한다. 빈 수레가 요란한 것을 아는가? 익은 곡식은 머리를 숙인다. 익은 곡식 같은 진품 성도는 겸손한 성도다.

교만한 사람은 하나님을 모르는 사람이다. 하나님은 알아가면 알아갈수록 헤아릴 수 없는 깊고 넓고 높고 크신 분임을 알게 된다. 반면 자기 자신은 점점 작아져서 형체도 찾을 수 없는 미미한 존재임을 알게 되고, 다른 사람이 나보다 훨씬 더 큰 자로 계속 확대되어 보인다. 그래서 인생은 분진과 같다고 성경은 말씀하고 있는 것이다. 이 때문에 진정 하나님을 알고 남을 알고 자신을 아는 사람은 결코 교만할 수 없다. 교만한 모습을 보이는 사람은 스스로 '나는 하나님도 모르고 남도 모르고 나 자신도 모르는 무지한 자입니다'라고 선전하는 미련한 짓을 하고 있는 것이다. 미련한 자의 등에는 막대기라고 했다. 겸손하도록 징계하고 채찍질하는 하시는 것이다. 기억하라. '교만해야지'하면서 교만한 사람은 한 사람도 없다. 하나같이 '더욱 겸손해야지'하면서도 자신도 모르게 교만해지는 것이다. 그러므로 끊임없이 자기 점검을 해야 한다. '나는 교만하지 않다, 나는 겸손하려고 노력한다'고 생각하는가? 당신은 아직도 교만한 것이다. 자신을 아직도 교만하다고 생각하면서 탄식하는가? 그렇다면 당신은 겸손한 것이다. 교만은 자신이 교만한 것을 모르거나 감춘다. 교만은 교활한 속성을 지니고 있기 때문이다. 그러나 자신이 교만하다는 것을 알고 인정하면 교만은 머리를 숙인다. 교만의 본질은 하나님의 뜻에 불순종하

는 것이다. 이는 자신이 하나님보다 더 낫다는 생각 때문이다. 자신의 생
각이, 자신의 계획이, 자신의 뜻이, 자신의 결단이 하나님보다 옳다고 생
각하기 때문이다. 그래서 하나님께 불순종하는 것이다. 그러나 불순종은
우상을 섬기는 것에 버금가는 죄라고 했다. 때문에 교만한 자는 천국에
들어갈 수가 없다. 천국은 겸손과 평화의 왕이신 주님이 다스리는 곳이기
때문이다. 천국은 겸손한 사람만이 사는 곳이기 때문이다. 그러므로 겸손
하라. 더욱 더 겸손하라.

어떻게 겸손해질 수 있는가? 방법은 소금과 같은 하나님의 말씀에 자아
가 푹 절여져야 한다. 생배추를 소금에 절이면 부드러워지는 것처럼, 예
수님을 구주로 믿고 영접해서 예수 생명을 소유한 그리스도인이라면 소
금과 같은 말씀에 절이면 절일수록 부드러워진다. 그러나 생배추가 아닌
플라스틱으로 만든 모형으로서의 배추는 소금물에 담가 놓고 수천수만 시
간을 보내도 부드러워지지 않는다. 무슨 말인가? 중생한 생배추와 같은
사람은 말씀을 받을수록 겸손해진다. 그러나 플라스틱 같은 모조품 배추,
곧 중생하지 못한 사람은 말씀을 아무리 많이 받아도 부드러워지지 않는
다. 그러므로 교만한 사람은 거듭나지 못한 사람이다. 자아가 그대로 살
아 있는 사람이다. 그리스도 예수의 사람들은 육체와 함께 정과 욕심을 십
자가에 못 박은 사람이다. 나는 죽고 예수님의 삶을 살아가는 사람이다.
겸손과 평화의 왕이신 예수님을 모시고 사는 그리스도인이라면 결단코 교
만할 수 없다. 교만은 예수님의 모습이 아니기 때문이다.

교만은 짝퉁 그리스도인의 표식이요, 겸손은 진품 그리스도인의 표식이
다. 당신은 생배추 같은 진품 그리스도인인가, 아니면 플라스틱 같은 짝
퉁 그리스도인인가? 하늘에서 큰 자는 겸손한 자임을 잊지 말고 기억하
면서 더욱 겸손하기를 힘쓰라.

무소유(無所有)의
변(辯)

나와 내 백성이 무엇이기에
이처럼 즐거운 마음으로 드릴 힘이 있었나이까
모든 것이 주께로 말미암았사오니 우리가 주의 손에서
받은 것으로 주께 드렸을 뿐이니이다(대상 29:14)

●●● 법정 스님이 입적한 지도 벌써 여러 날이 지났지만 그분에 대한 추모의 열기는 도시 식을 줄을 모르고 여전하다. 그분의 대표작이라고도 할 수 있는 단행본 「무소유(無所有)」는 이미 절판이 된지 오래고 누군가 소장하고 있는 것이 경매에 부쳐져서 고가에 낙찰이 되었다는 보도도 있었다.

나는 1992년에 증보판으로 발행된 범우문고본을 가지고 있기에 먼지 앉은 서가에서 잠자고 있던 책을 꺼내 들고 '무소유'라는 제목의 글을 다시 한 번 읽어보았다. 글의 첫머리가 K.크리팔라니가 엮은 「간디어록」을 읽다가 감동 받은 구절로 시작하고 있는데, 그 내용은 다음과 같다.

마하트마 간디가 1931년 9월 런던에서 열린 제2차 원탁회의에 참석하기 위해 가던 도중 마르세유 세관원에게 소지품을 펼쳐 보이면서 한 말이다. "나는 가난한 탁발승이오, 내가 가진 거라고는 물레와 교도소에서 쓰

당신은 그리스도의 제자 맞습니까?

던 밥그릇과 염소 젖 한 깡통, 허름한 요포 여섯 장, 수건 그리고 대단치도 않은 평판, 이것뿐이오."이 글을 읽고 법정 스님은 자신이 가지고 있는 것이 간디에 비해 너무 많다고 생각되었기 때문에 몹시 부끄러워했단다. 그리고 동양란 두 분(盆)을 정성껏 기르다가 지나치게 난에 집착하는 것 같아 가까이 지내던 이에게 주어버렸더니 그렇게 홀가분하고 좋았더라고 하면서, 인간의 역사를 소유사라고 할 수 있고 이로 인해서 다툼이 일어나는데 소유사를 무소유사로 방향을 바꾸면 서로 싸울 일이 없게 될 것이니 소유에 대한 집착에서 벗어나 무소유의 삶을 살아감이 지혜로운 삶이라는 요지의 내용이었다. 실제로 그는 자신이 깨달은 대로 무소유의 삶을 살았고 자신이 죽은 후에는 자신이 저술한 책을 더 이상 출판하지 말아달라는 유언까지 했다.

그와 나는 가는 길이 다르지만 그분을 존경해 왔다. 먼저는 그분의 수려한 문장력이 존경스럽고 자신이 깨달은 대로 행동으로 옮겨 살아가는 모습이 존경스러웠다. 그러나 그분이 생각하는 '무소유'의 개념과 성경이 가르치고 있는 '무소유'의 개념이 다르기에 몇 자 소견을 말하려고 붓을 들었다. 그분이 스승으로 섬기는 석가모니의 가르침대로 인생이란 빈손으로 왔다가 빈손으로 가는 것이다. 그리고 인생만사가 하늘의 뜬 구름과 같은 것이다. 그러므로 무엇을 소유하려고 집착하는 만큼 번뇌가 큰 것이니 소유하려는 어리석은 집착을 버려야 한다. 그리하면 마음에 평안이 깃들고 행복한 삶을 살게 된다.

언뜻 듣기에는 설득력 있는 매력적인 말로 들린다. 그러나 성경의 무소유에 대한 가르침은 전혀 다르다. "빈손으로 왔다가 빈손으로 간다."는 말은 맞다(딤전 6:7) 그러나 무엇을 소유한다든지 또는 무엇을 버린다는 말은 맞지 않다. 왜냐하면 나의 주권자와 소유권자는 내가 아니라 하나님이시고 나는 그분의 청지기로 세움 받은 존재이기 때문이다. 청지기는 소유권도 없고 내게 있는 것을 내 마음대로 사용하거나 버릴 수 있는 주권도 없다. 다만 주권자이시고 소유권자이신 하나님의 뜻에 따라 관리할 뿐이다. 때문에 내가 아무것도 소유하지 아니한 무소유자라고 해서 선한 인생을 사는 것도 아니고 내가 많은 것을 소유하고 있다고 해서 악한 인생을 살아가고 있는 것도 아니다. 많은 것을 소유하고 있든 적은 것을 소유하고 있든 내가 지니고 있는 것을 나의 주권자요, 소유권자가 되시는 하나님의 뜻을 따라서 관리하면 선한 인생을 살아가는 것이고 하나님의 뜻과 관계없이 자신의 욕구 충족, 자기만족을 위해서 사용한다면 악한 인생을 살아가고 있는 것이다. 그러므로 중요한 것은 성경이 가르치고 있는 교훈이 내가 무엇을 얼마나 소유했느냐, 소유하지 않았느냐가 아니라 자신이 지니고 있는 것을 어떻게 관리하고 있느냐라는 것임을 명심해야 한다는 것이다.

법정스님의 책 「무소유」를 구하려고 야단법석이라는 기사는 읽었으나 아직은 그것을 읽고 자신의 것을 모두 버리는 사람들로 야단법석이라는 소식이 없는 것을 보면 모두가 남이 장에 가니 저도 덩달아 장에 가는 형국이라 개운치가 않다. 법정 스님이 대처승이 아닌 비구로서 무소유의 삶을 살아온 것은 극히 자연스러운 일인데 왜들 그리 호들갑을 떠는지 모르겠다.

그리스도인들이여! 그대들의 가계부를 다시 한 번 점검해 보라. 수입란과 지출란에 한 점 부끄러움이 없어야 한다. 정직한 수입이어야 하고 하나님의 뜻을 따라 관리한 지출이어야 한다. 이 같은 삶이 무소유를 뛰어넘는 건강하고 행복한 인생의 모습이다.

엉뚱한 제안

화있을진저 외식하는 서기관들과 바리새인들이여
회칠한 무덤 같으니 겉으로는 아름답게 보이나
그 안에는 죽은 사람의 뼈와
모든 더러운 것이 가득하도다(마 23:27)

●●● 얼마 전 교계를 대표하는 일간신문에 60억 원을 장학 기금으로 쾌척했다는 어느 유명 목사님의 쾌거를 높이 치하하는 기사가 대서특필되어 보도된 일이 있었다. 20년 동안 부흥회 인도와 세미나 강사 비로 받은 것을 모은 것이라고 했다. 60억이라는 액수의 무게가 어느 정도인지 나 같은 사람은 도무지 어림잡을 수 없는 큰 액수이기에 쾌척하기가 쉽지 않았을 것이라 생각되는데 흔쾌하게 내어 놓은 것을 보면 역시 크게 목회하시는 큰 분들은 나 같은 피라미 같은 무리는 감히 흉내도 낼 수 없는 크게 다른 점이 있구나 하는 생각이 든다. 존경스러움에 절로 머리가 숙여진다. 위대한 결단에 경의를 표하며 큰 박수를 보내드린다. 아무쪼록 장학혜택을 받는 학생들이 각고의 노력으로 이 시대가 요청하는 큰 인물들이 되어서 쾌척한 이의 이름을 더욱 빛내주기 바란다.

그런데 한 가지 이해되지 않는 부분이 있어서 그 일이 또한 놀랍기만 하다. 한국 교회사의 초기에 크게 부흥운동을 일으켰던 부흥 강사 중에 이용도 목사님이 계시다. 그분에 대한 기록을 몇 줄 읽은 기억으로는 부흥회를 마치고 돌아오는 기차 안에서 형편이 매우 어려운 사람을 보고는 그냥 지나칠 수가 없어 부흥회시 받은 사례비를 한 푼도 남기지 않고 건네주었다고 한다. 당신 자신도 폐결핵으로 고통을 겪고 있으면서도, 그리고 사모님과 아이들은 제대로 끼니를 때우지도 못하는 어려운 살림을 하고 있었지만 당장 눈앞에 보이는 불쌍한 사람을 외면할 수 없어 사례비 전부를 계산도 하지 않고 줘 버린 것이다.

큰 교회를 섬기든 작은 교회를 섬기든 목사라고 하는 위치와 성격이 목사는 돈을 저축하며 여유롭게 지낼 수 없음을 목사들은 잘 알고 있다. 그런데 60억 원이라는 돈을 20여 년 동안 저축하여 왔다는 사실에 놀랍기만 하다. 목사이기에 수입에 한 점 부끄러움이 없을 것이고 흥청망청 사치하며 낭비하지 않고 알뜰하게 저축한 일에 대해서는 존경과 박수를 보내고 싶지만, 앞서 말한 대로 목사라는 위치에서는 조금 이해되지 않는 부분이 있어서 놀랍다는 것이다. 그리고 참 아쉽다고 생각되는 것이 있다. 사무엘은 블레셋과의 전쟁에서 승리한 후에 전승비를 세우고 그 이름을 '에벤에셀'이라고 했다. 블레셋과의 전쟁에서 승리한 것이 자신의 능력이 아니라 하나님의 도우시는 은혜이기에 자신의 이름은 감추고 오직 하나님께만 영광을 돌리는 흔적을 남긴 것이다. 그런데 60억 원을 쾌척하신 분은 자신의 아호를 붙여서 장학회를 세웠다. 순전하게 하나님께만 영광을 돌린 것이 아니라 자신의 이름을 남긴 것이다. 참으로 아쉬운 일이 아닐 수 없다. 사심(邪心)이 없어야 한다. 사심(邪心)이 무엇인가? 명분은 하나님의 영광을 위한 것이라고 하면서도 실제로는 자기 유익을 챙기는 것이다. 교활함을 말하는 것이다.

또 놀라운 것은 나는 부흥강사님들이 그렇게 많은 사례비를 받는지 미처 몰랐다. 20년 동안 모은 60억을 주당으로 계산해 보니까 일주일에 오백만 원 내지 육백만 원의 부수입(?)을 올렸다. 대단한 일이 아닐 수 없다. 연전에 규모가 그래도 꽤 큰 편인 교회의 목사님이 한 말이 거짓말처럼 들렸는데 그것이 사실로 확인되는 것 같아 씁쓸하다. 내용인즉 그 교회가 어느 유명 목사님을 부흥강사로 모시고 부흥회를 했는데 사례비로 이천만 원을 요구하더란다. 거짓말이겠거니, 아니 거짓말이기를 바랐었는데 그게 사실인 것 같다. 긴장이 된다. 그러나 내가 말하고자 하는 요지는 이천만 원을 요구한 부흥강사 목사님을 탓하려는 게 아니라(그만한 실력이 있으니까 당당하게 요구했을 것이기 때문이다), 한 가지 엉뚱한 제안을 하고 싶어서이다.

슈퍼 스타급 부흥강사님들이 각개전투식으로 자신을 위해 쾌척하지 말고 공동으로 주님을 위해 출자(?)해서 신세대 문화의 메카인 동숭동 대학로에 상설공연장을 겸비한 기독교문화센터를 세우면 어떨까 해서 하는 말이다. 그렇게 하면 더 많은 젊은이들이 복음을 만날 수 있는 기회와 장(場)이 될 것이다. 자타가 공인하는 대로 근래에 잘 나가는 슈퍼스타급 부흥강사 목사님들이 스무 명쯤 뜻을 모으면 쉽게 천이백억 원이 될 터인데 그 정도면 아담한 기독교문화센터 하나는 마련되리라 생각되기 때문이다. 하나같이 언필칭 21세기는 문화의 세기이기에 문화선교에 관심을 가지고 대책을 마련해야 한다고 하면서도 구체적으로 해법을 찾지 못하고 있는 차제에 먼저는 훌륭하신 분들의 선행에 경의를 표하고 치하를 드리면서 한편으로 조금은 황당하기도 하고 엉뚱하기도 한 제안을 해 보는 것이다. 진짜 놀랄 일이 일어날 것을 기대하면서…. 그렇게 하면 정말 칙사 대우를 받을 터인데 말이다.

아이티 성금
유감(有感)

사람에게 보이려고 그들 앞에서
너희 의를 행하지 않도록 주의하라.
그리하지 아니하면 하늘에 계신
너희 아버지께 상을 받지 못하느니라(마 6:1)

●●● 진도 7의 강진으로 중남미의 작은 섬나라 아이티에 큰 재난이 임했다. 사망자만 17만 명이나 되고 100만 명이 넘는 이재민이 주거지를 잃고 방황하고 있다고 한다. 그래도 감사한 것은 오늘의 인심이 매우 사악해졌다고 하지만 지구촌 곳곳에서 온정의 손길이 끊임없이 펼쳐지고 있다는 것이다. 우리나라에서도 정부 차원에서나 지자체 차원 그리고 종교단체나 시민단체 차원에서 모금운동을 펼치고 있고 상당수의 성금이 답지하고 있다. 우리 기독교에서도 교단적으로 또는 거교단적으로 모금 행사를 하고 있고, 성금행렬이 줄기차게 이어지고 있다.

그런데 유감이 있다. 교계를 대표하는 일간지에 성금액수와 함께 성금을 보내온 교회와 담임자의 이름이 기재되는 것을 본다. 이를 영수기를 대신하는 것이라 생각하면 별다른 느낌 없이 지나칠 수도 있겠는데, 성금을 보내온 교회와 담임자 명단 가운데 500만 원 이상의 성금을 보내온 교회와 담임자의 사진만 계속 기재되는 것을 볼 때마다 마음이 개운치가 않다. 내 얼굴이 신문에 오르지 못하는 열등감으로 시기질투해서가 아니다. 그들은 굳이 신문에 올리지 않아도 이미 충분하게 유명세를 떨치고 있지 않은가? 큰 교회 성도들이나 큰 교회 담임자를 잘 아는 일반인들은 그저 교회 이름과 담임자 이름만 올려도 당연히 존경을 표할 것이다. 그래서 하는 말인데 성금 명단 중에 가장 작은 액수의 교회와 담임자의 사진을 신문에 올리면 그 작은 교회 성도들이 얼마나 감격하고 자신들의 담임목사를 얼마나 자랑스럽게 여길까? 그리고 그 작은 교회 담임자도 큰 위로가 되고 큰 힘이 되지 않을까를 생각해 보는 것이다. 더 많은 성금을 모금하기 위해서 홍보팀이 의도적으로 큰 교회의 성금액수와 그 교회의 담임자의 사진을 올림으로 또 다른 큰 교회들이 성금 보내기에 경쟁적으로 동참하도록 하는 동기유발 차원에서 그렇게 하는지는 모르겠으나 여전히 마음은 개운치가 못하다. 매사를 삐딱하게 보는 나만의 사시(斜視) 때문일까? 정말 그래서일까? 이제 어쭙잖은 나의 사설을 몇 줄 적어본다.

인간은 관계성의 존재이다. 관계를 떠나서는 존재할 수 없다. 관계성의 존재라 할 때 규모의 크고 작음에 관계없이 공동체의 일원이라는 말이기도 하다. 공동체의 일원이라는 인식이 있다면 자기중심적이 될 수 없다. 언제나 매사에 공동체의 유익을 우선으로 한다. 의식 있는 사람이라면 공동체를 우선으로 하는 삶이 기본인 것을 안다. 이같이 공동체의 유익을 우선으로 하는 의식의 표현은 배려로 나타난다. 내가 좋아하고 내가 옳다고 생각되더라도 내가 속해 있는 공동체에 유익이 되지 못한다고 하면 절제하고 이해하고 양보할 수 있어야 한다. 그래서 성경의 가르침에도 "모든 것이 가하나 모든 것이 유익한 것은 아니요 모든 것이 가하나 모든 것이 덕을 세우는 것이 아니니 누구든지 자기의 유익을 구하지 말고 남의 유익을 구하라"(고전 10:23-24)라고 하지 않았던가?

교회는 신앙공동체이면서 사회 공동체를 이루는 개체이기도 하다. 큰 교회가 많은 액수의 성금을 보내고 담임자의 사진을 신문에 올리는 것은 가하다. 얼마든지 그렇게 할 수 있다. 그러나 그렇게 하는 것은 작은 교회 성도와 담임자를 배려하는 차원에서 유익한 것이 아니요, 공교회의 차원에서도 덕이 되지 못한다고 생각한다. 근자에 교계는 물론 일반 사회인의 인구에 회자되는 초대형 교회 건축문제도 같은 맥락에서 생각할 수 있다. 신앙 공동체이면서 사회 공동체를 구성하는 개체로서의 초(超)매머드(mammoth)급 교회를 바라보는, 역시 사회공동체 일원으로서의 소시민의 눈에는 가히 위압적으로 비쳐질 것이요 감히 접근하기 두려운 공룡으로 인식하게 될 것이다. 그래서 그 교회가 의도하고 합리화하면서 설득하려는 대로 소시민의 상처를 치유하고 그 영혼을 구원하기 보다는 오히려 상처를 입히고 그 영혼을 잃어버리게 될지도 모른다. 지나친 기우일까? 그래서 사설(社說)도 사설(私設)도 아닌 잔소리로서의 '사:설' 이라고 한 것이다. 그저 아이티 성금을 보낸 교회의 액수와 담임자의 얼굴을 신문에 올린 것을 보고 작은 유감(有感)을 토로했을 뿐이다. 그래도 베드로는 미물의 짐승인 닭의 울음소리를 듣고도 정신 바싹 차리고 자신을 돌아보지 않았던가? 피차에 자신을 돌아보는 계기가 되었으면 좋겠다.

먼저 교회를
건강하고 **행복한 가정**이
되게 하라

형제들아 내가 우리 주 예수 그리스도의 이름으로
너희를 권하노니 모두가 같은 말을 하고
너희 가운데 분쟁이 없이
같은 마음과 같은 뜻으로 온전히 합하라(고전 1:10)

●●● 계절의 여왕 5월이다. 연록의 산야가 싱그럽다. 풋풋한 풀냄새가 동면의 마음을 간질이며 깨운다. 굳이 마음 여린 소녀가 아니더라도 아지랑이 타고 하늘 높이 올라 노래하며 춤추는 종다리처럼 꿈나래 달고 새로운 이상의 푸른 하늘을 향해 훨훨 날아오르고픈 마음 설레게 하는 계절이다. 그래서 이 나라와 지구촌의 꿈나무인 청소년의 계절이라고도 한다. 부모의 은덕을 기리고 자녀 사랑, 부부 화목, 형제 우애 등 가족의 소중함을 일깨우는 가정의 달이기도 하다. 그러나 OECD국 가운데 이혼율과 자살률이 1위라는 우리나라의 실상이 마음을 참담하게 한다. 어쩌다 이렇게 되었을까. 여러 형태로 분석하고 평가하고 처방전도 다양하게 제시되지만 여전히 사회 분위기는 암울하기만 하다. 어떻게 하면 될까. 그 해법은 바로 교회에 있다. 교회가 건강하고 행복한 모습을 보이면 된다.

건강하고 행복한 교회는 어떠한 모습의 교회인가? 바로 가정으로서의 교회이다. 교회가 가정으로서의 제 모습을 회복하면 개체로서의 가정이나 가정을 기초단위로 하는 사회나 건강하고 행복한 가정과 사회를 이룰 수 있다. 교회의 본질과 속성이 무엇인가? 교회는 건물이 아니라 예수 그리스도를 구주로 고백한 사람들의 모임인 신앙공동체가 아니던가? 곧 예수 그리스도 안에서 한 입으로 하나님을 아버지라고 고백한다. 사도신경의 첫머리를 어떻게 시작하고 있는가? '전능하사 천지를 만드신 하나님 아버지'라고 고백한다. 그리고 예수님께서 가르쳐 주신 모범적인 기도문 첫 머리도 '하늘에 계신 우리 아버지'라고 고백한다. 무슨 말인가? 교회는 예수 그리스도 안에서 하나님을 아버지로 고백하는 하나님의 자녀들의 모임인 가족공동체임을 말해주는 것이다. 가족은 일반 공동체와는 달리 혈연관계로 이루어진 혈연 공동체이다. 그리고 혈연관계는 그 무엇으로도 끊을 수 없는 사랑의 줄로 연결된 사랑공동체이다. 혈연관계인 성도들은 DNA가 같다. 성도의 DNA가 무엇인가. 바로 예수 그리스도이시다. 교회는 예수 그리스도의 피로 한 가족을 이룬 가족 공동체이다. 일반 공동체와 가족 공동체의 차이가 무엇인가? 일반 공동체와 달리 가족 공동체는 서로에게 깊은 사랑의 관심을 갖는다. 서로 책임을 진다. 서로 배려한다. 서로 고락을 함께 나눈다. 서로 허물을 감싸주고 위로하며 용기를 준다. 서로를 높이고 자랑한다. 빈부귀천을 계산하지 않는다. 미운 짓을 해도 미워할 수 없다. 서로 관용하고 받아준다. 사이(間)없는 사이(關係)가 가족 사이이다.

그런데 오늘의 실상은 어떠한가? 건강하고 행복한 가정의 모델이어야 할 기독교가 증오와 불화와 분쟁과 분열로 만신창이가 되어 있다. 대표적인 교단마다 분열과 분쟁이 그치질 않는다. 교회마다 크고 작은 일들로 갈등하고 분쟁과 분열을 일삼고 있다. 그것도 순진무구한 일반 성도가 아니라 지도급 유명 인사들의 사심(邪心) 때문에 벌어지고 있는 추한 모습들이다. 이로 인해 미숙한 믿음의 성도들이 상처를 받고 교회에 대한 부정적인 이미지를 안은 채 떠나가고 있고 교회 밖으로부터 주님의 몸 된 교회가 조롱을 받고 있다. 그리고 전도의 문은 더욱 좁아지고 있다.

　교계의 지도급 유명 인사들에게 묻고 싶다. 사도신경을 통한 신앙고백을 참 믿음으로 하고 있는가? 주님께서 가르쳐 주신 기도문(주기도문)을 좇아 하는 기도 역시 참 믿음으로 하고 있는가? 그렇다면 교회가 가족공동체임을 모른다고 할 수는 없을 터인데 교회가 가족공동체임을 알고도 분쟁과 분열을 멈추지 않는다면 이는 고의로 하나님을 대적하는 일이요, 그 결과가 얼마나 두려운 것인지를 모르는 참으로 안타깝고 한심스러운, 영적으로 무지한 행태가 아닐 수 없다. 가정의 달을 맞이해서 무엇보다 시급한 일은 교계의 지도급 유명 인사들의 대각성이 우선해야 한다는 것이다. 교계의 지도급 유명 인사들부터 사심(邪心)을 버리고 녹아지는 촛물 되어 섬길 때 가정으로서의 교회가 건강해지고 개체로서의 가정도 건강해진다.

지금이
어느 때인가?

지금이 어찌 은을 받으며 옷을 받으며
감람원이나 포도원이나 양이나 소나
남종이나 여종을 받을 때이냐(왕하 5:26)

●●●● 아람왕의 군대장관 나아만은 권세와 명예와 부를 마음껏 누릴 수 있는 위치에 있었으나 행복을 향유하지 못했다. 나병 환자였기 때문이다. 그때 이스라엘 땅에서 사로잡아온 어린 소녀가 나아만 장관 부인의 몸종으로 섬기고 있었는데 그의 여주인에게 기쁜 소식을 전해 주었다. 기쁜 소식이란 이스라엘의 사마리아에 엘리사라는 선지자가 있는데 그를 찾아가면 주인의 나병을 고칠 수 있다는 것이다. 그 소녀의 여주인은 즉시 자기 남편에게 그 소식을 전했다. 그리고 나아만 장관은 왕에게 나아가 전후 사정을 보고한 후에 왕의 윤허를 받아내고 왕의 친서까지 휴대하고 사마리아로 향했다.

사마리아에 도착한 나아만 장관은 이스라엘 왕을 알현하고 아람왕의 친서를 전달했다. 이스라엘 왕은 아람 왕의 친서를 받아 보고 당황했으나 엘리사의 요청으로 나아만 장관을 엘리사에게로 보냈다. 나아만은 소녀

당신은 그리스도의 제자 맞습니까?

의 말대로 사마리아의 엘리사를 찾아갔다. 엘리사는 나아만 장관의 방문을 받고 수하의 제자를 시켜 나아만 장관으로 하여금 요단강에 가서 일곱 번 몸을 씻으라고 했다. 나아만 장관은 엘리사의 처사가 불쾌하여 그대로 돌아가려고 했으나 참모들의 지혜로운 조언을 받아들여 요단강에 가서 일곱 번 몸을 씻었더니 거짓말처럼 그 몸이 어린아이 살처럼 깨끗하게 나았다. 너무 감사해서 가지고 온 예물을 사례로 주려 했으나 엘리사는 한사코 거절했다. 나아만 장관은 섭섭한 마음으로 돌아갈 수밖에 없었다.

그때 엘리사의 제자 가운데 게하시라는 자가 있었는데 나아만 장관이 자기 스승에게 사례로 주려고 했던 예물이 탐이 났다. 그래서 나아만 장관을 좇아가 거짓말을 하고 그 예물을 받아 자기 집에 감춘 후에 엘리사 앞에 모습을 나타냈다. 엘리사는 이미 성령의 감동으로 게하시가 한 일을 다 알고 있었지만 짐짓 모른 체 하고 어디 갔다 오느냐고 물었다. 그러나 게하시는 시치미를 떼면서 아무 곳에도 가지 않았다고 거짓말을 한다. 그러한 게하시에게 진노하면서 엘리사는 이렇게 말한다. "지금이 어찌 은을 받으며 옷을 받으며 감람원이나 포도원이나 양이나 소나 남종이나 여종을 받을 때이냐? 그러므로 나아만의 나병이 네게 들어 네 자손에게 미쳐 영원토록 이르리라." 이 같은 엘리사의 책망하는 말을 듣고도 아무런 뉘우침도 없이 엘리사 앞을 물러나온 게하시는 그 즉시 나병이 발하여 눈 같이 되었다.

엘리사가 선지자로서 활동하던 북왕국 이스라엘은 총체적으로 중병에 걸려 있었다. 영적으로 타락했고 도덕적으로 부패했고 정치적으로 혼란했고 군사적으로 큰 위기에 처해 있었다. 이러한 위급한 상황에서 하나님을 섬기는 사람이라면 마땅히 위급한 시대를 가슴에 안고 깊이 고민하면서 하나님 앞에 나아가 모세처럼 목숨 걸고 중보기도를 해야 함에도 불구하고 계하시는 세속적인 욕망에 사로잡혀 추한 모습을 연출했다. 이 같은 추한 모습이 어찌 게하시 만의 모습이겠는가? 오늘의 한국은 엘리사 시대보다 더하면 더했지 덜하지 않다. 이러한 때에 교회는 마땅히 나라와 민족을 놓고 깊이 고민하면서 하나님 앞에 나아가 목숨 걸고 중보기도를 해도 모자랄 판인데 작금의 교회 현실을 보면 안타깝고 답답하기 이를 데 없다. 개교회뿐 아니라, 교단, 범교계적으로도 교권쟁탈전 때문에 만신창이가 되어 있다. 이전투구(泥田闘狗)의 추한 모습이 아닐 수 없다. 동북아 정세는 미묘한 기류가 흐르고 있다. 그럼에도 지금 이 나라에는 정치는 없고 당리당략과 사리사욕만을 좇는 하이에나 패거리들이 난장판을 이루고 있다. 지금 이 나라는 심각한 수준의 위기상황이다. 교계의 세계적인 거물들이여! 그리고 평신도 지도자들이여! 지금이 어느 때인가? 주님께 간구하여 눈을 가리고 있는 비늘을 벗겨달라고 매달리라. 그리고 현실의 참담함을 똑바로 보고 마땅히 할 일을 찾으라. 지금이 어찌 교권을 탐하고 재리를 탐할 때인가? 게하시의 결말이 두렵지 않은가? 60년 전의 6 · 25를 상기하라. 똑같은 비극을 유발하는 불행한 주인공이 되지 않도록 경계하라.

당신은 그리스도의 제자, 맞습니까?

초판 1쇄 2010년 10월 29일

강성일 지음

발 행 인 | 신경하   편 집 인 | 김광덕
펴 낸 곳 | 도서출판 kmc   등록번호 | 제2-1607호
등록일자 | 1993년 9월 4일

(100-101) 서울특별시 중구 태평로1가 64-8 감리회관 16층
(재)기독교대한감리회 출판국
대표전화 | 02-399-2008   팩스 | 02-399-4365
홈페이지 | http://www.kmcmall.co.kr
          http://www.kmc.or.kr
디자인 · 인쇄 | 디자인통(02-2278-7764)
값 10,000원
ISBN 978-89-8430-498-7 03230